民营企业国际化的
战略选择与案例研究

刘毅群　茹玉璁　著

中国金融出版社

责任编辑：童祎薇
责任校对：潘　洁
责任印制：陈晓川

图书在版编目（CIP）数据

民营企业国际化的战略选择与案例研究/刘毅群，茹玉聰著．—北京：
中国金融出版社，2021.6
ISBN 978 - 7 - 5220 - 1146 - 2

Ⅰ.①民…　Ⅱ.①刘…②茹…　Ⅲ.①民营企业—国际化—研究—中国
Ⅳ.①F279.245

中国版本图书馆 CIP 数据核字（2021）第 079715 号

民营企业国际化的战略选择与案例研究

MINYING QIYE GUOJIHUA DE ZHANLÜE XUANZE YU ANLI YANJIU

出版
发行　**中国金融出版社**

社址　　北京市丰台区益泽路 2 号
市场开发部　（010）66024766，63805472，63439533（传真）
网 上 书 店　www.cfph.cn
　　　　　　（010）66024766，63372837（传真）
读者服务部　（010）66070833，62568380
邮编　100071
经销　新华书店
印刷　北京市松源印刷有限公司
尺寸　169 毫米×239 毫米
印张　12
字数　159 千
版次　2021 年 6 月第 1 版
印次　2021 年 6 月第 1 次印刷
定价　63.00 元
ISBN 978 - 7 - 5220 - 1146 - 2
如出现印装错误本社负责调换　联系电话（010）63263947

　　本书的写作受到浙江财经大学"一带一路"经济社会发展协同创新中心和浙江大学区域经济开放与发展研究中心的资助

序　言

20 世纪 90 年代以来，世界经济形势发生了很大的变化。中国经济的成长令人惊叹，中国经济已经成为世界经济的重要一极。伴随着中国经济的快速崛起，中国企业也纷纷"走出去"，开展国际化运营。中国的华为公司、福耀集团、青山控股集团和卧龙集团等就通过国际化发展成长为世界知名企业。

经典的跨国公司投资与管理理论多以欧、美、日企业为研究对象，分析它们的跨国投资动因和国际化运营特点。例如，Hymer（1960）的所有权优势理论，Buckley 和 Casson（1976）、Rugman（1981）的内部化优势理论，Kiyoshi Kojima（1977）的边际产业转移理论，Dunning（1977）的折中理论（或 OLI 理论），Hennart（1982，1993）的交易成本理论，Ethier（1986）等的不完全市场契约理论，特别是后者强调了市场的不完全性（产权的不完全性、保护知识产权的必要性、企业内部共享技术知识、获取企业内部效率等）以及企业跨国经营与组织的重要性，它是企业开展跨国投资的重要动因，企业通过对外投资扩张而不是市场交易的方式将企业特定优势（Firms' Specific Advantages or Ownership Advantages）所形成的收益"内部化"（Internalization），保障企业的利益①。还有的理论研究强调获取东道国的本地优势

---

① Hymer, S. The international operations of national firms: a study of direct foreign investment [M]. Cambridge, Mass: MIT Press, 1960; Buckley, P., Casson, M. The Future of the MNE [M]. London: MacMillan, 1976; Rugman, A. M. Inside the Multinationals: The Economics of Internal Markets [M]. New York: Columbia University Press, 1981; Kiyoshi Kojima. Transfer of Technology to Developing Countries——Japanese Type versus American Type [J]. Hitotsubashi Journal of Economics, 1977 (17): 1 – 14; Dunning, J. H. Trade, location of economic activity and the MNE: A search for an eclectic approach [M]. In B. Ohlin, P. O. Hesselborn, & P. M. Wijkman (Eds.). The international allocation of economic activity (pp. 395 – 431). London: Macmillan, 1977; Hennart, J. A Theory of Multinational Enterprise [M]. Ann Arbor: The University of Michigan Press, 1982: 201.; Hennart J. F. Explaining the swollen middle: why most transactions are a mix of "market" and "hierarchy" [J]. Organization Science, 1993, 4 (4): 529 – 547.

（Location Advantages）是企业跨国投资的动因，Dunning（2009）认为东道国的本地因素在决定企业的跨国投资方面发挥越来越重要的作用，例如自然资源寻求、技术资源寻求、市场寻求等，一个例子就是很多汽车企业会到德国投资，因为德国在汽车制造领域有着丰富的资源积累；还有很多与自然资源投入相关的企业会到澳大利亚、印度尼西亚、俄罗斯以及巴西、南非等国投资①。而 Helpman（1984），Markusen（1984）以及 Helpman、Melitz 和 Yeaple（2004）等从国际贸易与国际投资的关系角度讨论了企业对外投资的动因②。Grossman 和 Helpman（2002，2003，2004）、Antràs（2003）、Antràs 和 Helpman（2004）、Antràs 和 Chor（2013）等从交易成本、契约的不完全性以及跨国生产的组织角度研究了企业的跨国投资与外包选择问题③。

这些理论提供了很多洞见，例如：一是由于全球各种资源的分布不均衡，企业要优化资源利用，就需要"走出去"。二是组织优化对于企业的持续性发展很重要。当企业的经营范围扩大时，采用何种组织管理方式？有效的组织会为企业带来效率，也会促使企业的边界扩大。对于跨国公司而言，它在扩大经营的同时也需要注重组织优化，获取内部优势。三是战略的重要性。跨国经营面临更激烈的竞争，也需要运用经营战略获取竞争优势，在博弈中取胜。Teece（2014）强调企业的战略与动态能力结合可以确保它在快速变化的全球经济中获得竞争优势，有时候，机遇相比企业已经拥有的资源优势而言

---

① Dunning, J. Location and the Multinational Enterprise：A Neglected Factor? [J]. Journal of International Business Studies, 2009, 40（1）：5 – 19.

② Helpman Elhanan. A Simple Theory of International Trade with Multinational Corporations [J]. Journal of Political Economy, 1984, 92（3）：451 – 471；Markusen, J. R. Multinationals, multi – plant economies, and the gains from trade [J]. Journal of International Economics, 1984, 16（3 – 4）：205 – 226；Helpman, E., Melitz, M., Yeaple, S., Export Versus FDI with Heterogeneous Firms [J] . American Economy Review, 2004, 94（1）：300 – 316.

③ Grossman Gene M., Elhanan Helpman. Integration vs. Outsourcing in Industry Equilibrium [J]. Quarterly Journal of Economics, 2002, 117（1）；85 – 120；Grossman Gene M., Elhanan Helpman. Outsourcing versus FDI in Industry Equilibrium [J] . Journal of the European Economic Association, 2003, 1（2 – 3）：317 – 327；Grossman Gene M., Elhanan Helpman. Managerial Incentives and the International Organization of Production [J]. Journal of International Economics, 2004, 63（2）：237 – 262；Antràs, P., Firms, Contracts, and Trade Structure [J]. Quarterly Journal of Economics, 2003：1375 – 1418；Antràs P., Helpman E. Sourcing [J] . Journal of Political Economy, 2004, Vol. 112（3）, pp. 552 – 580；Antràs, P., Chor, D., Organizing the Global Value Chain [J]. Econometrica, 2013, 81（6）：2127 – 2204.

对于企业的发展更为重要①。总体而言，企业国际化理论分为三个流派：企业所有权优势（或垄断优势）理论、国际资源配置理论（或生产的区位理论）以及经济组织理论。

　　尽管已有理论对企业的跨国投资和国际化发展有很强的解释力，但是仍值得拓展。第一，现实经济远比理论丰富。特别是中国这样的新兴大国的发展为理论研究提供了丰富资料，充分挖掘研究中国企业的国际化发展案例能够带来理论创新。

　　第二，中国作为新兴市场经济体，它的企业的国际化发展必然与发达经济体的企业的国际化发展有着不一样的地方。首先，它的成长与中国经济的大环境有关。中国拥有更大的市场规模（相对全球90%以上的国家而言），拥有丰裕的人力资源，特别是近些年成长起来的大批高技术人才。中国政府对经济发展的重视以及良好的投资环境为企业的发展创造了条件。这些因素给予了中国企业发展所需的特定国家优势。许多民营企业利用国内的基础资源优势和改革开放带来的机遇迅速成长起来。尽管来自新兴市场经济体，但是中国的很多企业具有国际竞争优势。已有的理论并未很好地阐释这种母国优势是如何促进企业国际化发展的。其次，中国企业的成长离不开自身背景的影响。在某些条件下，企业的特质让它们在市场竞争中脱颖而出，例如民营企业在经营方式上更灵活，能够获得更高的经营效率。但是在另一些条件下，企业的成长背景会限制它们的进一步发展，例如企业所处的行业、企业成长的支撑要素、企业的组织管理方法以及企业领导人的视野等，当中国企业"走出去"参与全球竞争时，它所面对的运营环境、竞争模式和支撑要素有所不同。企业的国际化发展不仅是经营市场和经营规模的扩大，也要求企业的质的转变，例如全球竞争要求更多的产品质量和技术创新竞争。作为新兴的跨国公司，中国企业在技术创新方面还与发达经济体的企业有一定的差距，那么这种技术差距是否会限制企业的国际化发展呢？企业如何克服海外运营环境与中国本土的运营环境之间的差异带来的劣势？回答这些问题需要新的理论探索。

　　第三，新兴企业如何在国际化发展中形成自身的特定优势，实现长远发展？企业的动态能力受到越来越多的重视。在激烈的市场竞争中，唯有不断

---

① Teece D A. dynamic capabilities - based entrepreneurial theory of the multinational Enterprise [J]. Journal of International Business Studies, 2014, 45（1）: 8 - 37.

变革才能持久发展。很多著名的跨国公司都是在变革中保持竞争力的。例如，早在1972年，英特尔公司（1968年成立）就在马来西亚的槟城设立工厂，将部分生产转移到海外，降低成本。20世纪80年代中期，面对日本半导体企业的强大竞争攻势，英特尔公司果断放弃了内存芯片业务，主攻处理器芯片业务，并在20世纪90年代中期重新夺回半导体市场销售额排名第一的位置，这一领先优势保持至今。2021年，面对台积电公司、三星公司的代工业务带来的竞争压力，英特尔公司也进入晶圆代工领域，改变了其一直坚持的集成器件制造（Integrated Device Manufacture，IDM）业务模式。还有很多案例，例如美国苹果公司、日本丰田公司等，它们都在不断变革中保持竞争优势。

与发达国家的跨国公司相比，中国企业更是成长中的企业。中国企业要立足国际竞争市场，就需要不断学习、创新与变革，获取动态竞争优势。另外，国际化发展也在一定程度上为企业的成长创造了机遇。通过将企业已有的优势扩展至海外市场获得更大的收入，并将这些收入反馈于企业的创新发展，就能形成市场扩张与企业变革的良性循环。海外投资还为企业创造了在更大范围内组织和利用优质资源的机会，突破企业原有的发展局限。海外投资还会带来企业经营管理与组织方式的变革，为企业的长远发展做好战略规划，加速企业的升级。

一些理论局限于比较静态分析和均衡分析，例如通过贸易成本与投资成本的比较来解释对外直接投资（FDI），或者通过企业间外生的生产率差异来解释投资行为的差异，它们忽略了企业成长性。因此，研究企业的国际化发展与转型发展之间的互动非常有必要。

第四，需要关注政策对企业的海外投资与运营的影响。随着全球投资活动的深入发展，东道国对外国投资的期望也在不断变化，这在一定程度上影响了投资政策，有些国家甚至从激励政策转变为隐性的限制性政策。东道国政府希望外国投资者承担更多的责任与义务，包括促进本地的工业化发展、促进就业、提升居民收入和保护环境等。例如，在越南、印度尼西亚以及一些非洲国家（例如加纳等），它们都对中国企业的投资活动提出了更高的期望，以帮助它们实现经济升级。那么，中国投资者如何去看待这些期望与要求？如何将企业的国际化发展与东道国的发展目标协调起来？现有的理论关于这些问题的回答还很少。

近些年来，中国民营企业的对外投资与国际化发展形成了很多案例。深入挖掘它们，不仅能总结经验，也能带来理论创新。例如，广东森大集团和科达洁能集团通过专业化合作方式"扎根"非洲市场，成功解决了更高层次的国际化发展中的核心要素缺失问题；华立集团等民营企业在海外建设的产业合作园成功解决了东道国在提供投资所需的中间服务上不足的问题，将中国的产业园开发经验带到海外；福耀玻璃集团通过在美国的投资，贴近战略市场，拉近了与核心客户之间的距离，确保了企业在全球市场的竞争力；开山集团通过"外拓内引"的方式实现了企业的技术创新能力的提升，促成了企业向新能源业务的发展，也为海外市场的拓展奠定了坚实基础；艾派克公司通过产业链延伸投资，提升了企业实力，增强了企业在全球打印机产品市场的领导力；卧龙集团通过海外优势资源并购实现了企业对全球资源的配置利用，促成了企业发展的蜕变；青山控股集团通过包容性投资实现了母国与东道国的共赢。这些企业通过国际化发展不仅扩大了经营范围，也促成了企业发展的质变，为成长为具有全球领导力的企业奠定了基础。它们的成功经验值得学习和借鉴。

正是基于这一需要，我们写作了《民营企业国际化的战略选择与案例研究》一书。本书的第1章是导论，介绍中国民营企业的对外投资发展情况、投资动因和可能面临的挑战。在本书的第2章，作者提出了一个适合解释新兴市场经济体企业对外投资活动的理论——竞争优势升级理论。作者基于新兴市场经济体企业的成长背景以及发展要求，提出对外投资的二重功能，这与传统理论显著不同。第3章到第12章是民营企业的对外投资案例分析，从经济学角度分析了这些企业的投资动因、战略选择与启示。

本书的写作得到2017年浙江省自然科学基金项目"浙江省工业资本有效投入水平测度及结构性改革路径研究"（项目编号LY17G030025）的支持，也得到浙江财经大学民营企业全球发展战略与海外投资协同创新中心的资助。刘毅群老师指导的博士研究生孙乐天和硕士研究生沈宏婷、梅梦佳、林招明、刘华健、杨密莹、谢婷、孙艳、韩琦丹以及浙江省工业和信息化研究院之江产经智库的郭子寒都为本书的写作做了大量的工作。她们搜集了很多的企业案例资料，并参与了数据整理和文字编辑工作。浙江财经大学的本科生辛颖、陆鑫悦以及国际贸易学会的府钰等也参与了企业案例资料的收集工作。茹玉聪老师指导的硕士研究生洪益乐、赵亚男、徐钰婷也参与了企业案例资料的收集、整理与编写工作。作者还要感谢杭州塔桥科技有限公司周建森总经理的支持与帮助，他为本书的写作提供了资料支持！同时感谢浙江省之江跨国公司研究院、浙江省境外投资企业协会的大力支持和帮助。

　　本书写作所需的企业案例资料很多来自企业官方网站公布的新闻资料、财务年报等。由于是第二手资料，获取的信息有限，文中的观点可能存在偏颇。欢迎读者们批评指正！

　　本书可以作为国际贸易专业、国际商务专业和经济学专业的本科生、研究生的国际经济学、国际商务、跨国公司经营与管理等课程的教材或案例分析的教辅资料。

目　录

1 导论

民营经济是我国经济的重要组成部分，它在推动经济社会发展中发挥了巨大作用。2019 年 11 月国家统计局发布的第四次全国经济普查报告显示：2018 年末，全国共有第二产业和第三产业的企业法人单位 1857.0 万个，其中，内资企业占 98.8%，港、澳、台商投资企业占 0.6%，外商投资企业占 0.6%。内资企业中，国有企业占全部企业法人单位的 0.4%，私营（民营）企业占 84.1%，全国私营企业数量为 1561.4 万个。2018 年，我国民营企业的进出口总值超过 12 万亿元，占全国进出口的 40%。民营企业在推动我国经济发展、增加就业和提升居民收入等方面都作出了巨大贡献。

1.1 我国民营企业的对外投资发展

随着民营企业的成长，它们已成为我国对外投资发展的重要力量。在"一带一路"经济合作过程中，我国民营企业对外投资超过 6000 亿美元①。截至 2018 年末，中国对外投资者共有 2.71 万家企业，其中国有企业占比 4.9%，港澳台企业占比 3.7%，外资企业再对外投资者占比 5%，集体企业占比 0.4%，从最宽泛的定义划分，民营企业作为对外投资的主体占到我国对外投资企业数量的 86%。民营企业为加深我国经济与世界经济的联系作出了重要贡献。

---

① 程恩炜.2019 中国发展高层论坛——"民营企业：与时代共进"［EB/OL］. https：//cdf. cdrf. org. cn/cdf2019/ltjb/8469. jhtml？share = true#content，2019 - 03 - 23.

我国的对外投资发展大致可以分为两个阶段：第一阶段是 2003 年以前。在这一阶段，我国的对外直接投资规模相对较小。2003 年我国对外直接投资总额为 29 亿美元，截至 2003 年累计对外直接投资总额为 334 亿美元。2003 年我国对外（直接）投资流量排在全球第 25 位。

第二阶段是 2003 年以后。从 2004 年开始，我国的对外直接投资增长加速。2004 年我国对外直接投资总额达到 55 亿美元，2005 年对外直接投资总额为 122.6 亿美元，2018 年我国对外直接投资总额流量为 1430.4 亿美元，居全球第 2 位，投资的存量总额达到 19822.7 亿美元，居全球第 3 位。我国对外（直接）投资总量已经连续多年位居世界前三，对世界经济的贡献显著。

与此同时，我国民营企业也成为对外投资的重要力量。2018 年，非公有经济控股企业（以民营经济为主）的对外投资额为 755.7 亿美元，占当年我国对外投资总量的 62.3%，较 2017 年提升了 13.6 个百分点。尽管近年来全球经济低迷和中美经贸摩擦加剧，但是民营企业继续加大全球化运营布局。2019 年，我国民营企业 500 强中有对外投资的达到 243 家，投资项目达到 1858 个，有近 200 家企业参与了"一带一路"建设①。

从投资区位来看，民营企业的投资集中在两大区域。一是东南亚国家和南亚国家。民营企业在越南、泰国、印度尼西亚、菲律宾、孟加拉国、印度、巴基斯坦等国开展了大量投资。在这一地区的投资以劳动密集型产品制造为主，包括纺织与服装制造、电子产品制造与日用品制造等。二是德国、美国等发达国家。民营企业在这一地区的投资以先进制造业为主，包括汽车制造、机械装备制造、电气产品制造等，民营企业还在这些国家设立了大量的海外研发中心。除此之外，民营企业在"一带一路"沿线国家和地区的投资也很活跃。2013—2017 年，中国企业在"一带一路"沿线国家和地区的投资额达到 820 亿美元，民营企业在这些国家和地区的投资主要集中在制造业、电力、

---

① 邢利宇，杨程晨. 中国民营企业"走出去"日趋规范、理性 [EB/OL]. http://www.chinanews.com/cj/2020/09-10/9287965.shtml，2020-09-10.

石油化工、信息传输与软件服务等领域。近年来，民营企业还在墨西哥、巴西、阿根廷、秘鲁、智利、俄罗斯、南非等新兴市场经济体开展了大量投资。

从企业的国际化运营绩效来看，不少企业取得了较好的投资绩效。尽管它们在投资过程中遇到各种挑战和困难，但是通过科学谋划和有力组织，企业实现了运营升级，一些企业甚至成长为世界级企业。国际化运营使企业的发展空间更大，企业的运营管理也更成熟。来自中国的跨国公司在全球经济中的影响力也越来越大。

1.2 我国民营企业对外投资的动因

Dunning（1981）曾指出，一个国家的外国直接投资量（FDI）和对外直接投资量（OFDI）与它的经济发展阶段相关。[①] 当人均国民生产总值（GNP）在 400 美元以下时，该国仅有少量的外资流入，几乎没有对外投资。当人均 GNP 在 400 美元到 1500 美元时，该国的外国直接投资量开始增加，同时由于该国的经济实力还相对较弱，对外直接投资也不多。当人均 GNP 在 2000 美元到 4700 美元时，该国的对外直接投资开始增加。当人均 GNP 在 4700 美元以上时，该国的企业已经具备了一定的所有权优势，对外直接投资开始加速，并可能超过外国直接投资流入量。Dunning 的理论揭示了国际直接投资与一国经济发展阶段之间的关联，支撑这一关联的两大因素如下：一是市场规模。人均 GNP 越高，市场规模越大。二是东道国企业的所有权优势。随着东道国的经济发展，一些企业成长起来，并拥有品牌、技术、制造和管理经验等方面的所有权优势，为了拓展市场和在更大范围内利用资源，企业会开展对外投资。企业的所有权优势也确保它们能够降低进入外国市场的成本。

对于中国而言，早在 2014 年就有 8 个省份（北京市、天津市、上海市、浙江省、江苏省、广东省、福建省）的人均 GDP 超过了 10000 美元，全国人均

---

① Dunning J. Explaining the International Direct Investment Position of Countries: Towards a Dynamic or Developmental Approach [J]. Weltwirtschaftliches Archive, 1981: 117: 30 - 64.

GDP 超过了 7000 美元（2008 年的人均 GDP 超过了 4000 美元）①。按照 Dunning 的理论，中国企业应该在 2008 年开始大量对外投资。实际情况也是如此，中国的对外投资流量在 2008 年以后有了一个显著的增长，从 2007 年的 265.1 亿美元提升到 2008 年的 559.1 亿美元，2016 年的对外投资流量达到 1961.5 亿美元。中国的对外投资流量和存量达到世界第二。一些中国企业具备很强的竞争优势，例如华为公司等，它们在通信技术产品开发方面处于领先位置，雇佣的研发人员达上万人。还有很多的制造业企业累积了技术资本，企业的竞争优势显著。中国庞大的技术人才储备为这些企业的快速成长提供了保证。

不过，中国企业的对外投资发展并非完全能由所有权优势来解释。中国依然是发展中国家，它的对外投资发展与发达国家的企业所有权优势驱动的投资有所不同。

第一，中国企业的对外投资发展受到政策推动。例如，早在 1999 年，《国务院办公厅转发外经贸部、国家经贸委、财政部关于鼓励企业开展境外带料加工装配业务意见的通知》（国办发〔1999〕17 号）要求，鼓励我国轻工、纺织、家用电器等机械电子以及服装加工等行业具有比较优势的企业到境外开展带料加工装配业务，以应对当时亚洲金融危机的影响。2000 年 3 月，全国人大九届三次会议期间，正式提出"走出去"战略。2000 年 10 月，《中共中央关于制定国民经济和社会发展第十个五年计划的建议》明确提出：要实施"走出去"战略，努力在利用国内外两种资源、两个市场方面有新的突破；要从多方面鼓励和支持有条件的企业到境外投资办厂，带动国内出口或合作开发资源。从这一时期开始，中国的对外直接投资、对外承包工程、对外劳务合作开始有较大幅度的增长。民营企业在家电、机械五金、纺织服装、建材、资源能

---

① GNP 是一个国家或地区的国民在一定时期内生产活动总量（最终产品和服务）。GNP 是按国民原则核算的，即使国民生产活动发生在境外也计算在内。GDP 是一个国家或地区所有常住单位在一定时期内生产活动的全部最终成果。GDP 强调的是国内生产，增加值无论是由内资企业还是外商投资企业创造的，均应计入本国的 GDP，这是它与 GNP 的不同点。20 世纪 80 年代，美国等国统计和发布 GNP 数据，但在 20 世纪 90 年代以后，GNP 数据已基本不再统计和发布。

源、边境综合贸易加工等领域的境外投资也开始增加。海尔集团、TCL 集团、华立集团等一批有实力的工业企业初步建立起全球生产和销售网络。

中国政府也逐步简化对外投资审批程序。2004 年 7 月，国务院发布《关于投资体制改革的决定》（国发〔2004〕20 号），我国的对外投资项目从审批制向核准制（备案制）转变：中方投资 3000 万美元及以上资源开发类境外投资项目由国家发改委核准，中方投资用汇额 1000 万美元及以上的非资源类境外投资项目由国家发改委核准，上述项目之外的境外投资项目，中央管理企业投资的项目报国家发改委、商务部备案，其他企业投资的项目由地方政府按照有关法规办理核准。国内企业对外投资开办企业（金融企业除外）由商务部核准。2009 年 3 月，商务部发布了《境外投资管理办法》（商务部令 2009 年第 5 号），进一步下放了境外投资开办企业核准权限，简化了核准手续①。政府在财税金融政策、公共服务等方面也给予一定支持，有力地促进了企业"走出去"。

2013 年中国提出"一带一路"倡议，以政策沟通、设施联通、贸易畅通、资金融通、民心相通为主要内容加强与沿线国家的经贸合作。践行"一带一路"倡议，促进了投资便利化，消除了投资壁垒，拓展了投资领域，促进了中国与沿线国家上下游产业和关联产业的协同发展。

同样，国际经济保护主义的抬头和中美经贸摩擦也对中国企业的对外投资产生复杂影响。一方面，贸易壁垒的增加迫使中国企业加大对外投资，规避贸易风险。例如，中国企业向越南、墨西哥等地的投资量近年来有大幅提升。还有一些企业直接投资美国，尽管投资成本较高，但是实现生产的跨国转移能够有效避免贸易壁垒。2019 年，海亮集团在美国投资建设生产基地。北美市场一直以来是海亮集团最大的境外销售市场，美国、加拿大、墨西哥等国家在空调制冷、建筑水管、水暖洁具等多个行业领域对铜管有较大需求。海亮集团投资建设生产基地可以使其在美国真正拥有自己的制造工厂，实现

---

① 于晓，矫磊."走出去"战略概述［J］.研究与探讨，2011（2）.

自产自销，打通美洲市场"最后一公里"，无须从国内和越南的生产基地运输铜管和管件产品到美国仓库再向美国的批发商分销商品，大大缩短了交货周期，还能规避贸易壁垒。另一方面，国际贸易保护主义也在一定程度上限制了中国企业的对外投资，例如东道国的投资政策有所改变，加大了投资审查力度，增加了投资风险。

第二，中国的经济结构转变是对外投资的重要推动力。首先，几十年来的经济发展使得中国的生产成本有了很大提升，土地价格、劳动力工资、自然资源价格等逐年上升，企业倍感压力。一些制造企业率先"走出去"，它们到劳动力成本相对低的柬埔寨、越南、孟加拉国等地投资设厂。这一类企业的投资可以界定为成本节约驱动型投资。其次，华为公司、中兴公司、海康威视公司、大华公司和小米公司等技术型企业通过创新发展，掌握一定的技术优势，它们希望将技术资产在更大的市场范围内得以利用，也会积极开展对外投资。这些技术型企业的投资案例显示了中国的生产要素结构在发生变化。中国的大批技术人才成长起来，企业的技术资本获得累积，这也改变了企业的竞争优势。这一类企业的投资可以界定为所有权优势驱动型投资。

第三，还有一大批中国企业开展的是技术寻求型投资。这些企业希望摆脱密集型劳动要素投入驱动的增长模式，以技术创新、产品质量和品牌获得长远发展，并成长为世界级领先企业。但是，依靠内源的技术发展困难重重，企业的技术资本累积不仅需要大量时间投入，也需要解决一系列的技术难题。通过对外投资能够嫁接发达国家的企业技术资源和品牌，实现弯道超车，确立创新驱动的发展模式。我国一些企业通过从事 OEM、ODM 活动成长起来，并与全球经济建立起紧密联系①。但是，价值链贸易中充满竞争和风险因素：一方面，不同国家之间的贸易政策变动会给价值链贸易带来很大的负面冲击。另一方面，

---

① OEM（Original Entrusted Manufacture）是指"原始设备制造商"，其含义是定牌或贴牌生产合作，俗称"代工"。ODM（Original Design Manufacturer）是指"原始设计制造商"，其含义是为品牌商设计产品。

企业在价值链中的地位不高，从中获益很低。为了提升企业在全球价值链中的地位，企业需要转型升级。我国一些企业会去欧盟、美国等地投资，会去并购一些同行业的知名企业，整合它们的技术资源，也会在这些地区设立一些新企业，获取技术外溢，其目标就是重构价值链。这一类投资可以界定为外源性技术获取型投资。另外，对外投资、参与国际竞争也能提升企业的经营管理效率，促使企业进行变革，效率获取也是企业对外投资的动因之一。

第四，全球资源整合型投资。中国与世界其他地区存在较大差异，且这种差异形成很大的经济互补性。例如，中国虽然不像一些发达国家在某些领域具有很强的技术优势，但是中国的制造业生产效率较高，产业体系齐全，基础设施完备，劳动力的素质较高。企业将中国的资源与世界其他地区的资源对接，能够实现对全球资源的整合利用，提升企业的竞争力。一些著名的跨国公司早在 20 世纪 80 年代就开始筹划对全球资源进行整合利用，除了在全球建立多个生产基地之外，它们还在全球设立多个研发中心、营销中心、财务中心，通过企业内部交易实现对全球资源的合理利用。同时，跨国公司还通过价值链与其他企业合作，主导整个产业的发展。改革开放以来，中国企业是其他国家的跨国公司主导的全球价值链的参与方，但是随着中国企业的发展壮大，中国企业也希望通过并购投资与合作的方式主导价值链的发展。

1.3　我国民营企业对外投资面临的挑战

民营企业对外投资既是企业的业务扩张，也是企业的发展转折。企业开展海外投资不是一个短期套利的活动，而是一个影响长期发展的战略选择。从全球经济的发展来看，中国企业"走出去"是一个必然趋势。中国 1978 年开始实施改革开放政策，中国经济开始融入世界经济，生产要素也开始得到充分利用，一大批企业成长起来。不过，当经济发展到一定阶段，企业要获得更大的成长空间就必然要"走出去"。

民营企业对外投资也会遇到一系列的挑战：

（1）如何解决海外运营环境与国内运营环境的差异问题，以及海外运营中的要素缺失问题。企业到海外投资相当于到一个陌生的环境开展运营活动。除了文化差异、政策法规差异以外，东道国在营商环境、基础设施、生产要素供应等方面也与投资国有很大不同，有些生产要素在东道国储备丰裕，比如劳动力、自然资源等，但有些生产要素是缺失的，比如水电、厂房、技术工人、商业服务等。必须解决这些要素的缺失问题，才能运营成功。另外，合作网络是企业成功立足海外市场的关键要素。企业在国内运营的过程中通过几十年的努力成功建立起一套成熟的商业网络，包括采购网络、营销网络以及技术网络等。企业开展海外运营也需要建立这些网络，它是企业产品、要素、信息和资金的循环通道。但是企业建立海外的合作网络不仅需要大量的时间投入、资金投入，还使得企业的海外运营面临很大的风险。要素缺失不仅削弱了投资企业的竞争优势，也增加了海外投资的交易成本和生产成本。如何解决这一问题？以何种方式进入海外市场？采用什么方法或策略弥补"外来者劣势"①？

（2）如何进行产业的区位布局？企业的国际化运营带来了更大的选择空间，企业通过海外投资可以获得互补性资源（市场、技术和品牌等）。但是如何实现两个市场、两种资源的充分利用？一方面，企业"走出去"有多个投资地点的选择，但是不同的地区又有很大差异。有的地区市场潜力大但是缺乏成熟的产业配套；有的地区拥有成熟的产业配套但是又存在激烈的市场竞争，且要素成本很高；有的地区是良好的贸易中转点，但是生产与运营环境不佳；有的地区劳动力丰裕且成本低廉，但是文化、宗教差异很大，影响企业的运营管理。另一方面，企业对海外资源的利用效率又取决于自身的协同能力。企业需要对投资目标和产业布局进行战略规划，需要将两个市场、两种资源统一起来，通过合理的资源配置和利用实现企业的价值最大化。一些

---

① 在海外市场运营的企业通常会面临当地企业无须负担的附加成本，这种附加成本被称为"外来者劣势"。这种附加成本与东道国和投资国之间的直接生产成本差异有所不同，两者的性质也不一样，后者更多的是交易成本。由于地理距离、文化差异和制度差异等，企业在东道国的运营效率、生产效率、技术开发效率与信息传输效率等都会受到负面影响。

企业由于协同能力不足，没能实现关联资源的共享与多主体运营的一致性，降低了投资效益。企业如何从全球战略角度作出投资布局？企业如何实现不同地区的分支机构的协同？什么情况下企业的中间品供应采取外包策略，什么情况下企业实现中间品的内部供应？这种选择的决定因素又是什么？

（3）企业转型升级的问题。与发达国家的跨国公司相比，新兴市场经济体的跨国公司在管理经验、技术储备与资源组织能力等方面都要弱于前者，企业不仅要"走出去"，还要实现企业经营管理与发展模式的转变，让企业的运营更成熟。因此，企业的对外投资面临两个方面的转变，一方面是经营场所的扩大，另一方面是企业运营方式的变革。如何让两者相互促进？企业究竟将对外投资视作一次短期的投机套利机会，还是将其作为促进长远发展的转型机会？企业的国际化运营是朝向规模扩张发展，还是朝向专业化发展？

1.4 我国民营企业对外投资案例启示与经济学阐释

截至 2020 年底，我国已有近万家的民营企业开展了对外投资活动，一些企业的跨国运营获得了很大成功。它们的发展为理论研究提供了丰富的资料，对这些案例的分析能够展示企业海外运营的成功之处和不足之处，为其他企业更好地"走出去"提供参考。

本书的目的就是对中国民营企业对外投资和跨国运营过程中遇到的问题和解决策略进行经济学分析，从经济学的视角审视这些问题的本质以及形成原因，对企业的战略选择给出经济学的评判。现有不少经典理论可以对中国企业的对外投资活动给予一定解释，例如 Hymer（1960）的所有权优势理论，Vernon（1966）的产品生命周期理论，Buckley 和 Casson（1976）的内部化优势理论，Kojima（1977）的边际产业转移理论，Dunning（1977）的折中理论（OLI 理论），Hennart（1982）的交易成本理论；Markusen（1984，2002）、Markusen 和 Venables（1998，2000）以及 Carr、Markusen 和 Maskus（2001）的知识资本理论，Helpman（1984）的贸易与投资理论，Ethier（1986）、

Grossman 和 Hart（1986）以及 Antras（2003）的不完全契约理论，Helpman、Melitz 和 Yeaple（2004）的异质性企业投资理论，Johanson 和 Vahlne（1977，1990，2009）的企业国际化发展演化理论（即乌普萨拉模型），以及 Luo 和 Tung（2007）对新兴市场经济体企业的对外投资活动进行解释的"跳板理论"（Springboard）和 Buckley 等（2007，2008）的制度因素驱动投资理论[①]。

---

① Hymer S. The international operations of national firms: a study of direct foreign investment [M]. Cambridge, Mass: MIT Press, 1960; Vernon R. International Investment and International Trade in the Product Cycle [J]. Journal of Economics, 1966, 80（2）: 190 – 207; Buckley P., Casson M. The Future of the MNE [M]. London: MacMillan, 1976; Kiyoshi Kojima. Transfer of Technology to Developing Countries—Japanese Type versus American Type [J]. Hitotsubashi Journal of Economics, 1977（17）: 1 – 14; Dunning J. H. Trade, location of economic activity and the MNE: A search for an eclectic approach [M]. In B. Ohlin, P. O. Hesselborn, & P. M. Wijkman（Eds.）. The international allocation of economic activity（pp. 395 – 431）. London: Macmillan, 1977; Hennart J. A Theory of Multinational Enterprise [M]. Ann Arbor: The University of Michigan Press, 1982: 201; Markusen J. R. Multinationals, multi – plant economies, and the gains from trade [J]. Journal of International Economics, 1984, 16（3 – 4）: 205 – 226; Markusen J. R. Multinational Firms and the Theory of International Trade [M]. Massachusetts: Institute of Technology, 2002; Markusen J. R., Venables A. J. Multinational firms and the new trade theory [J]. Journal of International Economics, 1998, 46（2）: 183 – 203; Markusen J. R., Venables A. J. The theory of endowment, intra – industry, and multinational trade [J]. Journal of International Economics, 2000, 52（2）: 209 – 234; Carr David L., Markusen James R., Maskus Keith E. Estimating the Knowledge – Capital Model of the Multinational Enterprise [J]. American Economic Review, 2001, 91（3）: 693 – 708; Helpman Elhanan. A Simple Theory of International Trade with Multinational Corporations [J]. Journal of Political Economy, 1984, 92（3）: 451 – 471; Ethier Wilfred J. The Multinational Firm [J]. Quarterly Journal of Economics, 1986, 101（4）: 805 – 833; Grossman G., Hart O. The Costs and Benefits of Ownership: A Theory of Vertical and Lateral Integration [J]. Journal of Political Economy, 1986, 94（4）: 691 – 719; Antràs P. Firms, Contracts, and Trade Structure [J]. Quarterly Journal of Economics, 2003, 118（4）: 1375 – 1418; Helpman E., Melitz M., Yeaple S. Export Versus FDI with Heterogeneous Firms [J]. American Economy Review, 2004, 94（1）: 300 – 316; Johanson J., Vahlne, J. E. The Uppsala Internationalization Process Model Revisited: From Liability of Foreignness to Liability Outsidership [J]. Journal of International Business Studies, 2009（40）: 1411 – 1431; Johanson Jan, Jan – Erik Vahlne. The mechanism of internationalization [J]. International Marketing Review, 1990, 7（4）: 11 – 24; Johanson Jan, Jan – Erik Vahlne. The internationalization process of the firm—A model of knowledge development and increasing foreign market commitments [J]. Journal of International Business Studies, 1977（8）: 23 – 32; Luo Y., Tung R. International expansion of emerging market enterprises: A springboard perspective [J]. Journal of International Business Studies, 2007, 38（4）: 481 – 498; Buckley P., Clegg L. J., Cross M., Liu X., Voss H., Zheng P. The determinants of Chinese outward foreign direct investment [J]. Journal of International Business Studies, 2007, 38（4）: 499 – 518; Buckley P. J., Cross A. R., Tan H., Xin L., Voss H. Historic and emergent trends in Chinese outward direct investment [J]. Management International Review, 2008, 48（6）: 715 – 747.

这些理论从跨国运营的成本与收益的比较、资源获取等方面对企业的对外投资活动进行了解释。例如，Markusen 的知识资本理论是关于企业跨国运营的"邻近性—集中性"的权衡，从贸易成本、企业的跨国生产成本以及知识资本共享等角度来解释对外投资行为。Buckley 等从中间品市场的不完全性、交易成本等角度来解释对外投资的动因。不完全契约理论从产业上下游合作过程中的专业投资、规模经济获取以及投机和谈判成本等角度对企业的外包与垂直型 FDI 之间的权衡进行分析，融入了更多的"摩擦性因素"，提供了有说服力的解释。

由于企业的实际运营相对复杂，并超出理论预见，因此挖掘企业海外投资案例很有必要。本书希望将案例分析与理论分析结合，更好地阐释中国民营企业国际化发展的规律。

2　竞争优势升级理论与中国企业的对外投资发展

近年来，新兴市场经济体企业的对外投资发展成为关注热点。新兴市场经济体的对外投资在全球经济中发挥越来越重要的作用。依据联合国贸易和发展会议（United Nations Conference on Trade and Development，UNCTAD）发布的报告，2018 年发展中经济体的对外直接投资占全球对外直接投资的比重为 41%，达到 4170 亿美元。其中，亚洲发展中经济体的对外直接投资为 4010 亿美元。中国作为最大的新兴市场经济体和发展中经济体，它的对外直接投资达到 1430.4 亿美元，位列全球第二。截至 2018 年末，中国对外直接投资存量达到 19822.7 亿美元，占全球对外直接投资存量的 6.4%，位居全球第三①。

经典理论可以利用企业的垄断优势、内部化优势以及东道国的区位优势对发达经济体企业的对外投资行为进行解释，但是它不能很好地解释新兴市场经济体企业的对外投资活动。本书在这一章提出一个解释新兴市场经济体企业的对外投资活动的竞争优势升级理论。由于新兴市场经济体的企业处在成长阶段，它与发达经济体的企业存在很多不同。新兴市场经济体企业的国际化发展兼具两种功能，一种功能是实现了企业经营规模和市场的扩大，另一种功能是实现了企业的发展方向与竞争优势的转换。两种功能相互融合就能实现企业跨国运营的长远发展。

---

① 数据来源：《2019 年中国对外投资发展报告》《世界投资报告 2019》。

2.1 现有理论对新兴市场经济体对外投资的解释

为何新兴市场经济体的企业会开展对外投资？它的对外投资活动有何影响？经典的垄断优势理论可以解释发达经济体企业的对外投资活动（Hymer，1960），但是不能解释发展中经济体企业的对外投资活动[①]。Wells（1977，1980）提出小规模技术理论，他认为发展中国家的企业掌握一些为小市场提供服务的规模生产技术和产品，由于发展中国家本身的市场较小，企业需要通过跨国运营和开展对外投资来实现它的更广应用[②]。这一理论仅能解释极少数企业的国际化运营活动，例如，可以解释一些开展特色产品营销的企业的国际化运营活动。Deng（2004）也认为，新兴市场经济体的企业因为要克服母国市场规模较小、获取原材料难等问题而开展对外投资[③]。Deeds、Mang 和 Frandsen（2004）认为，企业因为要克服贸易壁垒、获得市场合法性等而到发达经济体去投资[④]。一些理论暗含贸易与国际投资之间呈现替代关系，当贸易壁垒存在时，企业就会选择投资方式开展国际化运营。贸易和投资是企业与世界经济联系的两种方式，不过这种经济联系是最低层次的联系，它以产品联系为核心，没有考虑到国内外生产环境的差异，仅在理想条件下考虑了它们的替代关系。Witt 和 Lewin（2007）从"制度逃逸"和制度距离来解释发展中国家的对外投资活动，认为发展中国家的企业为了逃离本国不协调制度的约束而开展对外投资活动[⑤]。与此相反，Buckley 等（2007，2008）认为，

① Hymer S. The international operations of national firms: a study of direct foreign investment [M]. Cambridge, Mass: MIT Press, 1960.

② Wells L. T. Jr. The Internationalization of Firms from Developing Countries. In Multinationals from Small Countries [M]. edited by Tamir Agmon and Charles P. Kindleberger. Cambridge, MA: MIT Press, 1977; Wells L. T. Jr. Third World Multinationals [M]. Cambridge, MA: MIT Press, 1983.

③ Deng P. Outward investment by Chinese MNCs: Motivations and implications [J]. Business Horizons, 2004, 47 (3): 8 – 16.

④ Deeds D., Mang P., Frandsen M. The influence of firms' and industries' legitimacy on the flow of capital into high – technology ventures [J]. Strategic Organization, 2004, 2 (1): 9 – 34.

⑤ Witt M., Lewin A. Outward foreign direct investment as escape response to home country institutional constraints [J]. Journal of International Business Studies, 2007 (38): 579 – 594.

由于中国政府实施了对外投资促进政策，中国企业的对外投资活动才显得格外活跃①。他们观察到中国的对外投资规模与东道国的政治风险度、文化近似性、地理邻近性、资源禀赋状况等紧密相关。如果没有政府的政策促进，很少有企业会到高风险地区投资。Luo 和 Tung（2007）则认为，新兴市场经济体的企业通过获取海外战略性资产来摆脱母国的制度约束和市场约束是对外投资的主要驱动因素②。Chittoor、Sarkar、Ray 和 Aulakh（2009）认为，新兴市场经济体的企业是为了获取技术资源和金融资源而开展国际化运营③。Filatotchev 等（2009）通过对中国企业的海外投资数据分析发现，企业领导者的国际化背景、海归身份是影响企业国际化的重要因素④。Ramamurti（2012）作了一个研究综述，他发现要认识新兴市场经济体企业的对外投资活动规律，就需要考虑全球化背景、企业成为跨国公司的发展过程以及产业特征等因素，它们与企业异质性因素共同成为企业国际化发展的推动力⑤。

尽管现有不少关于新兴市场经济体企业的国际化发展动因的研究，但是并未形成一致意见。本书认为，要深入理解新兴市场经济体企业（特别是民营企业）的对外投资活动，既需要考虑宏观背景，又需要考察企业的微观特征，只有从企业成长视角去解析它们的对外投资活动，才能把握内在动因。对于新兴市场经济体的企业而言，对外投资活动不仅是经营地理范围、可利

---

① Buckley P. J., Cross A. R., Tan H., Xin L., Voss H. Historic and emergent trends in Chinese outward direct investment [J]. Management International Review, 2008, 48 (6): 715 – 747; Buckley P., Clegg L. J., Cross M., Liu X., Voss H., Zheng P. The determinants of Chinese outward foreign direct investment [J]. Journal of International Business Studies, 2007, 38 (4): 499 – 518.

② Luo Y., Tung R. International expansion of emerging market enterprises: A springboard perspective [J]. Journal of International Business Studies, 2007, 38 (4): 481 – 498.

③ Chittoor R., Sarkar M. B., Ray S., Aulakh P. Third – world copycats to emerging multinationals: Institutional changes and organizational transformation in the Indian pharmaceutical industry [J]. Organization Science, 2009 (20): 187 – 205.

④ Filatotchev I., Liu X., Buck T., Wright M. The export orientation and export performance of high – technology SMEs in emerging markets: The effects of knowledge transfer by returnee entrepreneurs [J]. Journal of International Business Studies [J]. 2009 (40): 1005 – 1021.

⑤ Ramamurti R. What is really different about emerging market multinationals? [J]. Global Strategy Journal, 2012, 2 (1): 41 – 47.

用资源、经营规模的扩大，也是企业的竞争优势和经营管理能力提升的过程。企业的对外投资活动与企业的转型升级相融合，才能真正实现企业的跨国经营。

2.2 新兴市场经济体的企业升级背景

2.2.1 宏观背景

在经济全球化时代，商品的流动性和要素的流动性大大提升，不同经济体之间的经济联系也更紧密。更强的经济联系产生两方面的影响。第一个影响是发达经济体的企业和商品深入渗透发展中经济体，它不仅强化了市场竞争，也带动了发展中经济体的经济发展。竞争在一定程度上会降低新兴市场经济体企业的发展空间，但与发达经济体的经济往来也为企业的成长提供了很多机遇，包括更大的销售市场、技术溢出与合作发展等。一些企业由于参与到发达经济体的跨国公司主导的全球价值链中获得加速发展。中国的一些民营企业通过为发达经济体的跨国公司代工生产产品获得成长，例如，格兰仕集团、美的集团、纳思达公司（即艾派克公司）、万向集团、健盛集团、恒林椅业公司等都曾在代工中发展壮大。发达经济体的跨国公司为降低生产成本，将生产外包给中国企业，而中国企业通过代工将中国的资源优势（例如劳动力资源等）利用起来，扩大了企业的经营规模，企业在技术、制造、影响、管理等方面都获得了成长。例如，浙江恒林椅业公司创立于1998年，在发展初期它一直未打开国内市场，就将发展重点转向了国外市场，通过OEM（贴牌生产）、ODM（自主设计，同型号产品的设计采取不买断的方式同时卖给其他品牌）与OBM（代工厂自有品牌生产）三种模式发展壮大。到2008年时，恒林椅业公司办公椅出口额达到全国同行业第一，它与宜家、尼达利、欧迪办公、史泰博、麦德龙等零售商建立了稳固的合作关系，对这些大客户的销售额一直占到总销售额的一半左右。公司的产品出口欧美、日韩等全球80多个国家，出口总额占总销售额的85%以上。

第二个影响是中国企业可以获得更大的贸易市场。除了供应国内市场，企业通过进出口贸易将产品销往全球。对外开放为企业提供了更大的发展空间，它可以将企业自身的优势与中国的国家优势以及国际市场联系起来，整合资源，扩大经营规模。例如，海尔集团、森大集团、福耀玻璃集团、华立集团、卧龙集团、巨石集团等，在它们的成长过程中，出口贸易都发挥着极其重要的作用。一些企业还不满足于出口贸易，通过对外投资、新建营销网点、设立海外研发中心等方式将国内资源与国际资源整合，实现全球化运营。例如，华为公司的全球研发中心总数达到 16 个，联合创新中心共 28 个。华为公司为了保持技术领先优势，也将研发深入基础研究领域。

新兴市场经济体的经济发展和资源优化利用为其企业的发展创造了条件。但是企业的成长也面临两方面的挑战：一是市场竞争的压力。无论是来自发达经济体的跨国公司的竞争还是来自新兴市场经济体内部的其他企业的竞争，都会在一定程度上抑制企业的成长。二是原有支撑要素的瓶颈限制。原有的企业增长模式不可持续。

不过，技术升级与管理创新为新兴市场经济体企业的持续性发展带来了机遇。一方面，产业的发展并非完全由发达经济体的企业所主导，即使它们保持领先优势，也需要不断创新，特别是在一些技术密集行业。如果新兴市场经济体的企业通过创新形成更多的内生优势，那么它们不仅参与全球经济的发展，也能在细分领域主导发展。另一方面，世界经济也在不断成长，除了主要经济体之外，还有许多新兴市场经济体，它们为企业提供了很大的成长空间。当企业的经营管理越来越成熟时，它们有足够能力去开拓这些市场，并获得持续性发展。

2.2.2 微观背景

新兴市场经济体的企业与发达经济体的企业有很多方面的不同。

一是新兴市场经济体企业的成立时间短、市场影响力相对弱。

　　与发达经济体的跨国公司相比，新兴市场经济体的企业成立时间较短。例如，在民营经济聚集的浙江省，很多知名企业成长的时间仅仅几十年。浙江万向集团创立于 1969 年，它由一家公社农机修配厂发展而来。1984 年，万向集团开始为美国舍勒公司进行贴牌生产，产品开始走出国门。随着万向集团的发展，它在技术开发、产品运营和管理方面越来越成熟。2000 年 10 月，万向集团收购了 1923 年成立的美国舍勒公司。万向集团在 2003 年以 33.5% 的股权成为翼形万向节传动轴的发明者美国洛克福特（Rockford）公司的第一大股东。洛克福特公司成立于 1890 年，它生产的翼形万向节传动轴为卡特彼勒公司、约翰迪尔公司配套使用。浙江吉利集团创建于 1986 年，它在 1997 年才进入汽车行业；而它在 2010 年收购的沃尔沃集团创立于 1927 年，在 1965 年、1972 年就先后在比利时、荷兰投资建厂。浙江开山集团创建于 1956 年，它在 1976 年试制成功 HP1.5/5 滑片式水冷空气压缩机，进入压缩机市场；而它的国际竞争对手美国昆西压缩机公司创建于 1920 年，并在 1966 年被并入美国 500 强企业寇特工业集团。浙江三花控股集团前身是 1967 年设立的新昌县西郊公社农机修配厂，它在 1984 年进入制冷配件市场；而它在 2007 年收购的美国兰柯公司则在 1958 年发明了四通换向阀，曾是全球市场的领导者。浙江卧龙集团创立于 1984 年；它在 2011 年收购的欧洲 ATB 集团创立于 1919 年，曾是欧洲三大电机制造商之一。从上述对比中可以看到，新兴市场经济体的企业成立时间短、进入主营业务的时间更短，企业的领导层很多都是第一代创业者。而发达经济体的企业成立时间久，较早拓展海外市场，它们在经营规模、市场范围和影响力方面远大于新兴市场经济体的企业。

　　一方面，新兴市场经济体的企业成长速度更快，利用本土优势，它们可以在短时间内扩大经营规模。另一方面，新兴市场经济体的企业在技术开发和经营管理方面要弱于发达经济体的企业，特别是国际化经营管理方面明显不足。很多企业依靠出口贸易方式涉足国际市场，产品开发和生产集中在国内，运营管理相对简单。

二是新兴市场经济体企业的所有权优势有差异。

与一些研究不同，本书认为新兴市场经济体的对外投资企业也具有一定的所有权优势，但是它的所有权优势与发达经济体企业的所有权优势有较大差异。新兴市场经济体企业的所有权优势主要集中在制造方面，依赖母国在劳动力成本、生产资源利用与市场规模等方面的优势。这一优势与新兴市场经济体企业的成长背景紧密相关。首先，它们成长于发展中国家，其早期发展依赖资源开发和大规模市场利用，而非以技术创新为主导；其次，它的发展空间也具有地域性。尽管很多企业通过进出口贸易的方式涉足国际业务，但是其优势主要集中在制造环节，制造成本和生产效率优势使其具有一定的出口竞争力。很多企业在尚未开展国际投资前就可以将产品出口到其他国家和地区。例如，福建福耀玻璃集团创立于 1987 年，它从 1989 年 5 月就开始向我国香港地区的汽车配件市场出口汽车玻璃，1991 年 9 月向加拿大 TCG 公司出口汽车玻璃，业务拓展到发达国家的配件市场。浙江万向集团 1984 年通过贴牌生产的方式向美国舍勒公司出口 3 万套万向节总成。另外，在一些传统产业中，中国企业也具有优势，例如轻纺、石化、冶金、建材、基础设施及配套产业是中国的传统优势产业。在这些产业领域经营的企业也具有一定的资金、技术和管理优势。

发达经济体的跨国企业往往凭借技术优势和先进的管理经验渗透到其他市场。它们或较早发明了市场的主流产品，或通过技术创新拥有很多专利和专有技能，这些技术优势和管理经验也确立了它们在国际市场的声誉，其产品的知名度、美誉度都高于新兴市场经济体企业的产品，拥有牢固的市场基础。

当然，在一些新兴行业领域，新兴市场经济体的一些企业也通过学习和技术创新建立起自身的技术优势，并凭借这些技术优势开展国际化运营。例如，浙江海康威视公司凭借其在视频监控领域的核心技术优势积极开拓国际

市场，它在全球设立有 50 多家分公司、子公司。海康威视公司成立于 2001
年，它在 2011 年就跃居全球视频监控市场占有率第一位。2019 年，海康威视
公司的全球员工超过 40000 人，其中研发人员和技术服务人员超过 19000 人，
研发投入占全年营业收入的比例为 9.51%。不过，在新兴市场经济体中，这
一类技术领先企业并不占多数。

三是新兴市场经济体企业发展的支撑要素以本土资源为主。

新兴市场经济体企业的发展支撑要素与发达经济体企业发展的支撑要素
有很大不同。前者主要是依靠母国的资源优势、劳动力优势获得制造环节的
竞争力，它们通过对这些资源的规模化利用积累起制造优势，并在生产设备、
制造技术方面进行革新。同时，规模化经营为企业赢得了一定的资金优势，
这也是它"走出去"的支撑要素之一。还有的企业依靠销售驱动发展，它们
在国内外市场投资建立其营销网点，通过提供销售服务、售后服务、租赁服
务等，建立其稳固的营销网络体系。

对于发达经济体的企业而言，其发展的支撑要素不一样。首先，它们在
技术累积（专利、知识产权）和研发投入方面具有很大的优势，企业建立多
个研发中心，储备大量的技术人才。这类支撑要素尤为重要，因为对于很多
的制造业和服务业而言，产业的持续性发展以技术创新为驱动力，当企业的
业务扩展到全球范围以后，它的进一步发展就依赖于持续性的创新带来产品
的迭代，通过技术创新扩大产业的边界和技术应用范围，而这些产业拓展都
建立在研发和人才要素基础上。没有这些关键投入要素，企业很难获得持续
发展。其次，发达经济体的企业在全球资源整合利用的能力和经验方面要强
于新兴市场经济体的企业。早在几十年前，发达经济体的企业就开始进行生
产基地的投资布局，将品牌推广到其他国家，并在成本控制、海外人才发展
与利用、合规运营等方面积累了丰富的经验，这些要素也是企业国际化发展
的重要保证。

四是新兴市场经济体的企业在全球产业链中的地位不高。

全球化使不同经济体的企业都能参与到一个产业的发展中,但是不同经济体的企业在产业链中的地位不一样。新兴市场经济体的企业往往通过贴牌生产、产业配套等方式参与产业链,尽管这种发展方式能够促进它们朝规模化经营方向发展,但是它们在产业链中处于从属地位,所获得利润较少,企业运营的自主性、灵活性也较弱,企业面临的经营风险也大。一旦面临经营环境的变化,例如经济保护主义或者国家政策的调整,其业务发展也会受到很大的负面冲击。另外,由于进入门槛(技术门槛等)相对较低,企业也面临激烈的市场竞争,企业的盈利微薄。

例如,浙江万向集团最初为美国舍勒公司进行贴牌生产获得了很大发展,但当舍勒公司希望万向集团向其唯一供货时,万向集团的发展就受到很大限制。正是因为拒绝了舍勒公司的这一要求,万向集团在欧洲等市场打开销路,建立起自主海外营销渠道,获得了很大的发展。创立于1991年的浙江东华链条集团也面临同样的问题,从1996年开始东华链条为德国一家大的贸易商生产贴牌产品,贴牌生产使东华链条的出口销量逐渐进入全国前列,产品广销欧洲和东南亚。但是贴牌生产方式的利润微薄,企业没有自主品牌和营销网络,企业的持续性发展受限。

2.3　新兴市场经济体企业跨国投资面临的挑战

当新兴市场经济体的企业进行跨国投资时,它面临很大的挑战。一是企业的所有权优势不足,在国际市场竞争中处于劣势地位。过去几十年里,中国企业的发展优势主要来自制造成本优势,由于产品价格相对低廉,企业能够通过出口等方式打入国际市场。但是,在高端产品市场,中国企业的市场份额较低,高端产品市场的竞争更多依赖技术和质量,价格优势并非竞争的主导因素。

二是企业发展的支撑要素与发达经济体的企业有所不同。国际市场竞争更多是持续的创新竞争,它与企业的创新投入强度和创新能力紧密相关。对于新兴市场经济体的企业而言，它仍处在成长过程中，很多企业还是以制造环节为主，它们往往通过引进先进的制造设备或核心零部件来获得生产方面的优势，企业所生产的产品也主要是标准件或成熟产品，企业在产品创新与工艺创新方面不足。一些企业只注重制造，不重视产品开发，企业的技术储备也相当薄弱，未形成有效的创新发展能力。这些不足使它们在国际竞争中处于被动位置。

三是企业的对外投资面临"外来者劣势"效应。由于文化差异、国际经营人才不足、品牌的知名度不高以及外国当地的商业网络的嵌入程度不够等原因，企业在海外的投资会面临很高的交易成本。如果新兴市场经济体企业的所有权优势不足以克服这些"外来者劣势"，就会导致投资失败。

四是资源整合能力不足。资源整合能力包括跨国公司内部的资源整合和跨国公司外部的资源整合。内部的资源整合重点就是通过跨国投资与经营管理将原有的外部市场交易转移至企业的内部交易。跨国投资的目的之一就是通过这种内部交易获得协同效应，降低交易成本。通过跨国公司管理与控制可以形成有效的内部分工，从而更好地保障企业的利益。由于业务单元分散，协调变得很重要，组织创新也必不可少。特别是对于那些从事技术密集型产业的企业而言，将分散的知识汇集很重要。如何在集中效率和地方响应性之间寻求最佳平衡，对于初次涉足跨国经营的企业而言具有挑战性。在公司总部与子公司之间的关系治理中先后出现过多种组织结构，例如职能型组织结构、产品型组织结构、地域型组织结构、矩阵型组织结构（例如 ABB 公司）、网络型组织结构（例如飞利浦公司）等。组织创新一方面要求加强控制，体现企业内部集中效率；另一方面要求削减官僚结构和成本，增强企业的创新力。另外，在海外市场构建合作网络也很重要，与供应商、分销商、客户、代理商、许可方等的合作能够撬动更多的资源，扩大企业的影响力。同样，新兴市场经济体的企业在构建合作伙伴关系时面临很大的风险和成本。

2.4 跨国投资具有的双重功能

对于新兴市场经济体的企业而言，跨国投资具有双重功能：一方面是实现更强的市场渗透率，促使企业在更大的市场开展经营；另一方面是促进企业对跨国资源的整合利用，实现竞争优势升级。这种双重功能地位既是经营环境变化所致，也是企业内在发展所需。

很多企业的早期发展都是依靠出口贸易，尽管出口贸易的成本和经营风险相对较小，但是出口贸易的最大弊端是市场渗透率不高。由于缺乏售后服务、与客户的沟通不足，交易的稳固性大大削弱。与此相反，尽管跨国投资前期的投入成本高，但是它的市场渗透率也更高。通过本地化运营，跨国公司能够与客户、供应商建立稳固的合作关系，市场信息的传递以及海外资源的利用效率也更高。这是出口贸易无法比拟的。

同时，对于新兴市场经济体而言，跨国投资具有促进企业转型升级的功能。这一功能是通过三个方面的作用实现的。首先，企业经营环境的变化要求企业转型发展。企业进入新的市场，它不仅面临文化、资源的差异，也面临竞争方式的变化，特别是在成熟的欧美市场，竞争方式主要是创新和提升服务质量，而且是一种常态。作为市场的领导者，发达经济体的跨国公司一直在投入研发，通过创新寻找新的业务增长点。最典型的案例就是以个人电脑产品起家的美国苹果公司，它从 20 世纪 70 年代开始就一直在进行创新，包括个人电脑、软件等产品，进入 20 世纪 90 年代中后期之后，它又拓展了消费电子、音乐零售和智能手机业务，不断的创新为苹果公司的持续发展提供了动力。对于新兴市场经济体的企业而言，在海外市场的运营意味着它的发展思路和经营战略也应有所调整，以不断适应新的竞争。

其次，对外投资也为企业带来关键性资源，为企业的转型发展创造了条件。企业通过投资可以获得一些战略性资产（原材料、专利、技术人员、品牌等），它们可以帮助企业跨越技术门槛，实现产品技术升级。另外，企业进入新的市场,可选择、可应用的资源更多,企业可以实现多市场资源的优化利用,提升整体竞争力。不同国家在资源禀赋方面有很大差异,例如,在美国硅谷、荷兰阿姆斯特丹、爱尔兰都柏林、德国慕尼黑等地有很多的高新技术企业,这里也聚集了大量有着专业知识和经验的工程师、科学家,他们是企业创新发展的资源。企业通过海外投资扎根本地市场,并通过雇佣技术人员、获取专利许可、购买专利以及合作开发等方式获得创新资源,提升研发能力。例如,2012 年浙江的森赫集团全资并购德国森赫电梯公司(SRH Aufzüge GmbH),并拥有企业研究院和制造工厂,实现产品研发、制造、销售、安装和服务的全方位发展。2015 年,德国森赫电梯公司获得一项由德国专利商标局授权的专利。2017 年,德国森赫电梯公司又获得 2 项德国专利授权。德国森赫电梯公司建有本土化的技术团队,为全球提供德国原品牌、原产地的核心电梯部件产品和技术服务,为森赫品牌全球发展提供关键技术和产品支持。通过并购,森赫集团将产能优势转变为可持续发展和盈利的技术优势。森赫集团的并购输出了资本,但是引进了技术,实现了公司的价值链升级。再如,浙江台州的北平机床公司通过收购德国老牌机床企业施耐亚机床有限公司,获得施耐亚的先进科研团队、先进设备和管理经验。

最后,对外投资使企业通过对全球资源的配置利用重构产业链和价值链,提升企业的市场地位。企业通过构建统一运营平台,实现设计、生产与市场营销的跨区域协同,减少重复性投入,提高生产效率和资源利用价值,提升整体竞争力。企业通过全球资源、市场的有效盘整来完成对产业链的重构。这种重构既可以表现为并购,也可以表现为海外建立生产研发中心、销售网络,是企业自身发展的一个重要内容。除此之外,企业的资源整合还能应对全球经济格局变化和贸易保护主义挑战,确保经营的稳定性和可持续性。

因此,企业的对外投资只是企业发展的一个阶段:通过对外投资实现资源整合,促进企业自身升级,然后更好地开展跨国运营。对外投资与企业升级相互融合、促进,形成一个良性循环。投资与升级两者的有效结合才是新兴市场经济体的企业对外投资的核心要义。正如"发展中经济体"这一概念中的关键词"发展"一样，新兴市场经济体的企业也处在不断发展中。在企业发展的第一阶段，它们参与由发达经济体的跨国公司主导的全球经济活动，并成长起来。有些企业还发展成为国内知名企业，在国内市场有很高的占有率。企业发展的第二阶段就是"走出去"，开展跨国经营。在国际化发展过程中，不仅企业的经营范围、市场扩大，企业发展的支持要素和竞争优势也需要转变，只有将企业从外部获取的新资源与企业自身的优势以及母国的优势深度融合，才能形成新的竞争优势，立足国际市场。企业发展的第三阶段就是以创新为驱动力开展国际化运营。当企业在全球范围内实现资源优化利用时，它就完全建立起内生的竞争优势，并能与发达国家的企业同台竞技。

2.5　跨国投资实现企业的竞争优势升级的策略

企业通过对外投资实现竞争优势升级有多种策略：

第一种策略就是围绕主营业务开展投资，投资关注点逐步升级。企业早期的投资多关注销售，以建立海外营销网络为主，后期的投资更多注重技术、品牌和服务的提升。例如，华为公司的早期投资以设立办事处为主，促进销售和提供售后服务。2004 年，华为公司在爱尔兰的都柏林设立了办事处。十多年来，华为公司在爱尔兰的业务持续壮大。近些年来，华为公司开始注重研发投资。2021 年 2 月，华为公司宣布未来两年将在爱尔兰投资 8000 万欧元用于研发。再如，海信集团的每一次并购都始终围绕主营业务开展，每一次收购都服从战略发展需要。海信集团的海外收购对象都是有一定品牌影响力的公司，海外收购缩短了海信集团在国外市场培育品牌的时间，提升了业务拓展速度，降低了风险。

第二种策略就是通过海外投资实现跨区域的资源整合利用，提升竞争力。全球不同地区存在着显著的资源禀赋差异，有些资源是自然资源，有些资源是内生的技术资源。例如，欧美地区的技术资源丰富，而许多发展中国家的劳动力资源、自然资源丰富，通过对外投资实现不同地区资源的协同利用就能提高企业的整体竞争力。例如，浙江开山集团提出"美国技术＋中国制造"的发展道路，浙江卧龙集团提出"推进欧洲、北美和亚洲三大地区间的技术协同、制造协同和市场协同，助力企业的国际竞争能力提升"的发展战略。广东艾派克公司通过海外并购实现自主品牌的中低端打印产品与海外高端打印产品的协同发展。还有的企业通过对外投资将国外高端产品、技术引入国内市场，进一步提升企业在国内市场的竞争力，同时借助海外的营销渠道将国内产品推广出去，实现双市场驱动的协同发展。

第三种策略是通过采用企业运营"劣势环节转移、优势环节集中"的策略，实现企业内的分工调整。企业的竞争优势会随着企业内部的结构调整而变化。一方面，从动态角度而言，企业现有的优势会被逐渐淘汰，需要寻求新的竞争优势。例如，中国的制造成本优势随着人口红利的消失会削弱，尽管数字与智能技术革新有助于中国企业保持制造优势，但是该项技术还未达到能完全替代劳动力的成熟状态。对外投资可以实现企业运营环节的跨国转移，优化资源配置。另一方面，企业可以将国内资源更多集中于价值链上游环节，形成一个更高效的国际分工。这种跨区域的企业内部分工可以提升效率，为企业赢得更大的竞争优势。

第四种策略是通过技术创新促使企业的动态优势形成。新兴市场经济体的企业不仅要实现现有资源的静态优势利用，还需要构建起内生的动态优势形成机制。技术创新是形成动态优势的主要途径。在全球排名前100的跨国公司中，有不少公司是依靠不断的技术创新而崛起，例如丰田汽车公司、苹果公司、特斯拉公司等。新兴市场经济体的企业可以通过两个层次的网络延伸提升创新能力：一是通过跨国并购直接获取战略性资产来提升企业的技术创新能力。被并购企业的专利资源、研发团队有助于投资企业跨越技术门槛，提升自主研发能力。二是通过合作研发、技术许可等方式实现企业技术资源网络的延伸，撬动更多技术资源来推动创新发展。例如，华为公司在日本、欧洲、俄罗斯都设有研发中心，中国的研发中心只是其全球研发体系的一部分，通过这种研发体系的全球布局，华为公司大大提升了创新的速度和质量。网络延伸还能带动合作伙伴参与创新，构建起以我为主的创新生态，推动整个产业链的发展。

2.6 小结

从发展的视角来看，新兴市场经济体的企业正处在成长阶段，与发达经济体的成熟企业有着多方面的差异，最大的差异是企业的所有权优势及支撑要素。对于很多中国民营制造企业而言，它们的成长来自对中国制造优势的利用，其发展深受成长背景的影响。但是它们要成为一个百年企业，就需要转换竞争优势和发展动力。

对外投资对于新兴市场经济体的企业而言具有双重功能，它不仅实现了企业经营场所和可用资源的扩大，而且也是企业实现转型升级的重要手段和路径。一方面，它扩大了企业的经营市场，在新的经营环境中，企业面临多种转变，包括发展思路、组织结构和竞争优势的转变，只有不断变革才能适应新的竞争环境。另一方面，企业可利用的资源体系也发生了变化，企业可选择、可利用的资源更多，优化资源配置能够促进企业的转型发展，实现投资与转型的良性互动。

目前，我国一些企业的国际化运营发展思路还停留在构建海外营销网络、扩大销售上，简单地以出口额占总销售的比重来衡量自己的国际化发展水平。还有的企业把对外投资等同于到劳动力成本低廉的发展中国家投资建厂。这种国际化运营观会限制企业的发展，不能促进企业的质的转变。正如正泰集团董事长南存辉所言：企业的对外投资要实现"产品走出去、服务走进去、技术走上去"，使国际化成为公司转型发展的新引擎[①]。正泰集团就通过海外

---

① 孙永剑. 正泰集团股份有限公司董事长南存辉：产品走出去 服务走进去 技术走上去[N]. 中国工商报，2019 - 11 - 27.

并购或投资入股掌握了部分新兴产业的前沿技术，获得了高度自动化生产线、先进的实验室测试设备和运作经验，为在中国进行技术改造和建设智慧工厂奠定了坚实基础。还有一些民营企业将对外投资与企业的转型发展很好地结合，展示了新兴市场经济体企业对外投资的特点。例如，卧龙集团通过对外投资实现了对全球优势资源配置利用，促进了企业的蜕变。健盛集团通过对外投资实现了价值链边际劣势环节的转移，将国内资源更多集中于研发设计等附加值环节，从而实现了价值链不同环节的协同发展。开山集团通过"外拓内融"方式提升了企业的技术开发能力，积蓄了技术资源，助推了企业发展的二次转型。这些成功案例表明，对外投资不仅能实现企业运营规模的扩大，也能促进企业的质变。成功的对外投资会促进企业的竞争优势转变，特别是促进企业的技术优势及其支撑要素的形成，真正实现企业从制造向创新驱动发展，适应全球化竞争。

3　专业化协作"扎根"非洲市场

——广东森大和科达洁能合作投资案例

现代经济的一个显著特点就是每个企业都身处一个分工体系中，依据自身的专业化优势开展运营。例如，当企业在国内市场运营时，它会融入一个国内分工体系①。这个分工体系包括产品研发、中间品的制造、采购、最终产品的加工以及产品的运输、营销和售后服务等。正如迈克尔·波特所言："每个企业都是在设计、生产、销售、发送和辅助生产等一系列活动的集体中的参与者之一。所有这些活动都可以用一个价值链来表明。"② 当企业成功立足于国内市场时，表明它已经融入一个成熟的分工和价值链体系。企业依靠自身专业化优势支撑它在这个分工体系中的业务和地位。

当企业进入海外市场时，特别是通过投资方式进入海外市场时，它应该选择何种进入方式？理论研究表明，企业的进入方式有多种类型，例如绿地投资、并购、许可交易等，投资又可以分为合资、独资和合作方式。从国际化进程来看，又可以分为出口和国外采购、营销和分销投资、中间品及服务的国外生产投资、增值网络的深化和拓展以及一体化的跨国网络运营五个阶

---

① 这里所指的分工体系包括企业内部的分工体系和企业外部的分工体系。如果企业采取一体化经营，那么企业内部分工体系占主导；如果企业采取与其他企业合作的方式，那么外部分工体系将发挥重要作用。

② Porter, M. , Competition in Global Industries: A conceptual framework. Harvard Business School Press Books, 1986, pp. 15 – 60.

段（Dunning 和 Lunda，2008）①。在第五个阶段，子公司作为专门的"卓越中心"，肩负着公司内部某一领域的发展和提升卓越能力的全球性责任，跨国公司实现了一体化运营。

市场进入方式的选择由多种因素决定：有的是因为海外经营环境的不确定性，选择渐进进入的方式，逐渐增加投资；有的是基于市场竞争和知识获取的考虑，选择并购方式；有的则是基于整合成本过高而选择绿地投资的方式。

本章所讨论的案例有些特别，它分析一个贸易型企业如何在海外开展生产型投资，实现海外运营方式的转变。对于这一类型的企业而言，它面临两大挑战：一是缺乏生产运营所需的支撑要素。生产运营的支撑要素与贸易运营的支撑要素不一样，企业如果独立在海外建立一个完整的价值链，它需要获得更多的资源。二是它需要重构在海外运营的分工体系。如果海外市场有一个成熟分工体系，那么它需要融入其中。如果海外市场没有完整、成熟的分工体系，它甚至需要构建分工体系。一个典型的例子是：一些发展中国家对某一类产品可能有着很大的市场需求，但是没有相应的本地生产体系，完全依赖进口。如果企业在该国建立生产体系，它会面临生产装备、技术人员短缺等问题，甚至生产所需的水、电等基础设施服务也存在短缺。那么如何解决这些问题？如何在海外市场建立一个完整的分工体系？通过何种方式进入海外市场？本章所分析投资案例介绍广东森大集团和科达洁能集团协作投资，"扎根"非洲市场，它们在陶瓷产品投资方面取得了很大成功。本章的案例表明通过与其他企业开展战略合作，以专业化协作的方式进入海外市场是一个合理选择。

---

① Dunning, J., Lundan, S., Multinational Enterprise and the Global Economy, Second Edition, Edward Elgar Publishing Limited. 2008.

3.1　企业简介

广东森大集团（以下简称广东森大）创立于 2000 年。在早期发展阶段，它是一家拥有自主进出口经营权的国际贸易公司，集团总部在广州市。经过 20 多年的发展，广东森大从一家贸易企业发展成为跨国运营的工贸一体企业，其运营获得了极大成功。

广东森大起步于进出口贸易，它的国际化进程分为三个阶段：

在第一阶段，它以尼日利亚市场为起点，开展进出口贸易。它经营的产品包括陶瓷制品、卫生洁具、五金配件、日用洗涤与个人护理用品等。我国广东省是制造业大省，广东森大利用区位优势，将广东省生产的优势产品销往非洲地区，获得了早期运营的成功。通过一系列的业务拓展，广东森大渐渐熟悉了非洲市场，与当地经销商建立起稳固联系。

在第二阶段，也就是从 2004 年开始，广东森大开始实施"走出去"战略，通过海外投资方式设立了专门的营销分支网络，大力拓展海外贸易。广东森大先后在非洲的加纳、坦桑尼亚、肯尼亚、科特迪瓦、尼日利亚、多哥、尼日尔、布基纳法索以及拉丁美洲的秘鲁、哥伦比亚等国建立了 13 个销售公司。销售公司的设立使广东森大与海外市场的联系更为紧密，营销网络的建设使产品销售渠道、客户关系网和市场信息流通机制等有效建立起来。

在第三阶段，也就是从 2013 年开始，为了响应国家提出的"一带一路"倡议，广东森大开始筹划在海外建设产品生产基地，通过在非洲当地生产来替代国内商品出口。广东森大也抓住这次历史机遇，开始向工贸一体化转型，由单一的进出口贸易业务向生产与贸易结合业务发展。广东森大先后在非洲多个国家投资兴建纸尿裤、洗衣粉、陶瓷等产品的生产企业，实现"当地生产，当地销售"的发展战略。广东森大创立的"TWYFORD"瓷砖和"SUND-ABEST"暖水瓶被坦桑尼亚政府授予 TBS 质量免检产品资格，赢得了市场的极大赞誉。向工贸一体化的转变具有战略意义，因为早期阶段的进出口贸易面临很激烈的市场竞争，并且在 2013 年以后，已经有一批国内企业在非洲地区投资生产陶瓷产品，对广东森大的贸易发展形成很大的冲击。与进出口贸易相比，本地化生产具有很强的竞争优势。从这一角度而言，广东森大向工贸一体化转型也是竞争压力所致。

广东森大的投资伙伴是科达洁能公司（以下简称科达洁能）。科达洁能创建于 1992 年，它来自我国广东佛山。20 世纪 90 年代初，佛山陶瓷企业大批进口压机、窑炉、磨边机和抛光机等国外设备。科达洁能就是通过不断地学习吸收，成为国产陶机设备的制造商。2002 年科达洁能在上交所上市，2011年科大洁能并购国内第二大陶机企业恒力泰，成为国内市场以及亚洲市场最大的陶瓷机械设备供应商。在此基础上，科达洁能加大创新力度，通过一系列改造升级，最终完成了从单一设备供应商向陶瓷整厂整线工程供应商的转变，成长为我国乃至世界陶瓷机械行业领军企业。2015 年，科达洁能占据了中国市场的 70%，占据了全球 50% 的陶机加工设备以及 90% 的压机市场，其提供的生产设备使得中国建陶业摆脱了对进口生产设备的依赖①。

2007 年左右，科达洁能酝酿"二次创业"，进军新能源装备市场。2008年，它在安徽马鞍山投资近 5 亿元，建立"清洁能源煤气化系统"生产研发基地。科达洁能开拓发展了液压泵、清洁煤气化技术与装备、烟气治理技术与装备、锂电材料、风机等多项业务。公司产品销往 50 多个国家和地区。

2013 年我国提出"一带一路"倡议之后，科达洁能也加快国际化发展的步伐，相继在印度、土耳其等成立了子公司，组建了科达洁能欧洲公司。同时，科达洁能与广东森大合作，在非洲先后投资多家陶瓷生产企业，成功实现海外运营。

3.2 广东森大对非洲投资的动因

在非洲市场投资生产建筑用陶瓷产品是由广东森大提出的。一直以来，

---

① 《佛山制造》编委会，佛山制造［M］．广州：广东人民出版社，2017.

广东森大与非洲开展日用产品、五金等的进出口贸易。作为一个贸易商，它面临很激烈的市场竞争。2020 年非洲人口达到 12.85 亿人，是一个消费层次多样化、拥有巨大潜力的市场。很多企业看好非洲的日用品、轻纺产品、小家电等市场，通过出口贸易方式将产品销往非洲。除了本地较小的陶瓷制造商，例如埃及、阿尔及利亚、摩洛哥、南非等的陶瓷制造企业，还有来自中国、西班牙、印度等的陶瓷产品在非洲市场开展竞争。2018 年，非洲从中国、西班牙和印度进口的瓷砖占总进口的 77%，面积达到 2.309 亿平方米[①]。一些中资企业也进入非洲市场投资兴建陶瓷厂，例如来自温州的旺康控股，它在尼日利亚的最大城市拉各斯创办陶瓷生产企业，占地 900 多亩，拥有 4 条生产线，雇佣员工 2000 人，日均产量达到 14 万平方米。2017 年，旺康控股在乌干达投资 2 亿元设立陶瓷厂。福建企业 2014 年在非洲尼日利亚的贝宁城设立时代陶瓷企业。还有江西企业 2013 年在南非设立的瑞亚陶瓷企业，日产量达到 1.1 万平方米。

除了激烈的市场竞争，其他因素也对广东森大的海外投资决策产生影响：(1) 在非洲市场运营陶瓷厂所需的劳动力成本相对低廉，非洲劳动力的平均年龄相对较小，大批年轻劳动力处于失业、半失业状态，雇佣他们的成本相对较低。(2) 在非洲直接建立生产基地可以节约大量的贸易成本，包括运输成本和关税成本等，并且以非洲市场为基地，还可以将生产的产品销售到欧洲、美国，相对于从中国直接出口到欧美市场能够节约大量的贸易成本。(3) 本地化运营能够巩固与本地经销商、客户、政府的关系，进一步提升公司产品在非洲市场的竞争力。

3.3 投资非洲面临的挑战

2013 年，当广东森大准备在非洲进行生产运营的投资时，它所拥有的主

---

① 非洲陶瓷市场潜力居然这么大！有哪些中资陶瓷厂？［EB/OL］. http：//jiaju. sina. cn/news/20190725/6559996264380170299. shtml，2019 - 07 - 25.

要优势是其自 2000 年以来就在非洲市场建立起的牢固销售网络。由于长期在非洲市场运营,广东森大熟悉当地市场,有稳固的市场渠道和客户关系。从 2004 年开始,广东森大在非洲建立多个办事处与营销分支机构(属于营销机构投资)。它的营销网络覆盖很多非洲国家,它在尼日利亚、喀麦隆、贝宁、多哥、布基纳法索、塞内加尔、几内亚、科特迪瓦、加纳、马里、刚果(布)、刚果(金)、南非、赞比亚、卢旺达、马拉维、乌干达、坦桑尼亚、肯尼亚、埃塞俄比亚等都建立了营销网络。这些营销网络使广东森大的产品能直达消费终端。

虽然开展进出口贸易能够节约很多成本,例如生产制造成本,但是它的劣势也是显然的。由于没有涉及生产制造环节,它在产品采购时的议价能力会有所削弱,也会失去工贸一体的内部化优势,不能利用非洲国家潜在的生产资源,在销售端的价格调节能力也会较弱,更容易受到市场需求不确定性和竞争对手的冲击。上述弊端也是促使广东森大开展海外生产型投资的重要原因。

在非洲市场投资产品制造意味着广东森大要从以贸易功能为主的公司向以生产功能为主的公司转变。这种运营转变所带来的最大挑战是它缺乏陶瓷产品生产制造的经验、技术和设备。陶瓷产品的生产需要专业的制造设备和技术服务,包括生产设备的安装、维修、调试,并且生产制造还需要专门的技术人员负责操作机器、维护生产运营。这些硬件、软件和技术人员的拥有状况将直接影响投资收益。我们可以将生产技术、设备与人员称为与营销网络并列的"互补性资产",它是企业在非洲开展一体化运营所必需的生产要素。

对于广东森大而言,它所拥有的资源是市场网络资源,但是缺乏生产所需的设备、技术人员。只有解决生产制造端的问题,广东森大才可以在非洲市场通过直接投资替代此前的进口业务,并且获得新的市场竞争力。

3.4　可能的战略选择

广东森大在开展海外投资时，有三个可能的战略选择：

第一个选择是自买设备，通过不断学习和积累经验开展生产运营；第二个选择是与非洲当地的生产型企业合作；第三个选择是寻找国内专业的生产制造商合作，联合对外投资。

第一个选择是广东森大的初选。它先后在非洲市场投资设立了纸尿裤、洗衣粉等生产企业，并且获得成功。因此，从国内选购陶瓷产品的生产设备并开展独立的生产运营是可以尝试的。不过，这一选择存在很大问题。尽管中国的陶瓷机械行业有了很大进步，但是如果将中国的陶瓷制造设备运抵非洲，广东森大需要投入大量资源和时间确保生产设备正常运转，还要一批技术人员解决设备调试、维修和升级等一系列问题。这些方面的投入实际上意味着大量的成本和很高的运营风险。对于讲究效率和竞争力的商业企业而言，长时间的学习等待、低产品质量、低生产效率都会对海外运营构成挑战。

第二个选择几乎不可实现。因为非洲一些国家的工业体系薄弱，产品需求大多靠进口贸易满足（每年70%的瓷砖都从海外进口）。非洲不少国家几乎没有陶瓷制造企业，也缺乏相应的技术工人、知识储备和生产设备，找不到合适的合作商。在制造业发展方面，非洲正是需要外来投资带动发展。中国在陶瓷制造方面的技术已经成熟，并具有一定的世界领先优势，如果能够将中国的生产技术带入非洲国家，也能带动当地的工业发展。这一类投资也是非洲一些国家的发展目标，受到政府的重视和鼓励。

第三个选择是最合理的。广东森大寻找到一家先进的上游企业展开合作——与科达洁能联合对外投资非洲市场。广东森大选择的合作商不是陶瓷产品的直接生产厂商，而是陶瓷制造设备的供应商。这种合作有以下特点：一是专业协作，合作形成的竞争力很强。科达洁能和广东森大不仅不存在直接的竞争关系，而且两者在分工体系中具有互补性。科达洁能长期耕耘于陶瓷设备制造行业，掌握先进的陶瓷制造技术，能够提供先进的生产设备，并为设备运转配备技术人员。而广东森大拥有很强的海外市场资源，其营销网络遍布非洲。产业链的上下游合作能够很好地解决整个链条的价值创造问题。此外，这种合作具有很强的竞争力。由于两个企业都是各自价值链环节的顶尖企业，因此它们的协同效应显著，能够提升产品竞争力。二是两者的合作有很强的激励。在合作投资之前，科达洁能专注于陶瓷制造机械的出口，通过此次与广东森大的合作，它也延伸到下游，从事陶瓷产品的生产。这不仅带动了它的设备出口，也带来了陶瓷产品生产销售的直接利益。相反，如果科达洁能独自在海外市场开展陶瓷生产及销售，会遇到很大的阻力。尽管科达洁能拥有先进的陶瓷设备制造技术，但是陶瓷产品的市场运营却是其薄弱环节。对于广东森大而言，它与科达洁能的合作不仅解决了生产投资的技术与设备问题，也让其产品直接销往非洲市场，提升了公司在当地的竞争力。

　　正是由于两类企业之间的专业互补性（见表3.1），当2015年广东森大计划在肯尼亚设立陶瓷厂采购设备时，它与科达洁能一拍即合，以资本入股的方式合资成立特福陶瓷有限公司（广东森大拥有49%的股份，科达洁能拥有51%的股份），并先后在肯尼亚、加纳、坦桑尼亚、塞内加尔等非洲国家建立陶瓷厂。

表3.1　　　　　　　　广东森大和科达洁能的专业资源拥有状况

分工体系	广东森大	科达洁能
技术端资源	×	√
生产端资源	×	√
营销端资源	√	×

　　表3.2显示了广东森大和科达洁能合作投资的相关项目。2016—2019年，它们先后合作在肯尼亚、坦桑尼亚、塞内加尔、加纳等国开展投资，设立了多个工厂。

表 3.2　　　　　　　广东森大与科达洁能的合作投资项目

时间	境外企业名称	项目	投资额	社会影响
2016 年	特福（肯尼亚）陶瓷（一期）有限公司	广东森大与科达洁能合资，东非最大的陶瓷企业	8000 万美元	占地面积达 1440 万平方米。2016 年底，投资 1 亿多元人民币的特福（肯尼亚）陶瓷厂一期项目顺利投产，投产后即实现当月盈利。一期项目生产线设计产能为 22000 平方米/天
2018 年 3 月	特福（肯尼亚）陶瓷（二期）有限公司	肯尼亚特福陶瓷二期项目顺利投产	1.45 亿元人民币	二期工程于 2017 年 5 月 11 日由广东森大和科达洁能共同正式签订合作协议，投资总额为 1.45 亿元人民币，具备生产 30000 平方米/天以上的能力，进一步巩固了特福陶瓷在肯尼亚乃至整个东非第一大陶瓷厂的地位
2017 年 11 月	特福（坦桑尼亚）陶瓷厂	特福（坦桑尼亚）陶瓷厂投产	5600 万美元	特福（坦桑尼亚）陶瓷厂，直接创造就业岗位 1000 多个，间接创造就业岗位 3000 多个
2019 年 7 月	特福（塞内加尔）陶瓷有限公司	特福（塞内加尔）陶瓷有限公司项目投产	—	特福（塞内加尔）陶瓷项目于 2018 年初启动筹备建设工作，是广东森大与科达洁能共同联手在非洲打造的第四个陶瓷生产项目，也是公司目前在西非投资产能最大的陶瓷生产项目。项目的顺利投产标志着合作方在非洲建材产业的第一轮布局圆满完成
2019 年 7 月	特福（加纳）陶瓷有限公司	特福（加纳）陶瓷二期奠基仪式在工厂举行	—	特福陶瓷在加纳投资建厂、创造就业、使用本地原材料、减少进口及国家外汇消耗、扩大出口、带动地区经济增长、提高人民生活水平、践行政府"一区一厂"政策及推动国家工业化进程，最终实现"加纳摆脱援助"愿景

资料来源：作者依据广东森大网站、科达洁能网站的资料整理。

3.5 合作投资绩效

特福（肯尼亚、加纳、坦桑尼亚）陶瓷工厂是科达洁能在非洲市场"与优势海外合作伙伴合资建厂＋整线销售＋技术工艺服务"战略的示范项目。科达洁能负责"制式输出"，与广东森大海外市场的管理服务团队合作，两者实现优势互补。一方面。广东森大在非洲的肯尼亚、加纳、坦桑尼亚、科特迪瓦及尼日利亚等国都建立有子公司，拥有遍布非洲地区的3000多个网点的销售网络，每年出口非洲市场的建筑陶瓷面积超过3000万平方米，在非洲市场拥有一定的知名度。另一方面，科达洁能不仅提供陶机设备，还提供生产技术、工艺研发、原辅材料、生产模式、生产管理等工业配套。

通过专业化合作投资，广东森大与科达洁能的投资项目取得很大效益，主要体现在四个方面：

（1）生产效益很快上升，获得了较高的投资回报。广东森大的市场网络资源与科达洁能的陶瓷设备制造技术和服务相结合，打通了从技术、设备供应到生产制造、市场营销和售后服务的各个环节，投资绩效显著。公司网站公布的资料显示：项目一期投产后的当月即实现盈利。在一期项目成功生产出第一批瓷砖的时候，就已经有经销商排队等着提货了。有了一期的成功，合作项目不断扩大，陶瓷工厂先后在四个国家设立。这种成功扩张的主要原因在于，两家公司都具有显著的专业化优势，当将这些优势结合在一起时，其市场竞争力很强，进而绩效也显著的专业化优势集中体现在营销环节，它在非洲市场建立有一定规模且成熟的分销体系，借助这一体系能够迅速将产品推广到非洲各地。就科达洁能而言，其在非洲更多扮演的是陶瓷生产企业合作方的角色。它实现了从一般的设备出口到"智造输出"的转变，聚焦于技术知识和服务的输出。与在国内为陶瓷企业提供陶机设备相区别，科达洁能在非洲还提供包括生产技术、工艺研发、原辅材料、生产模式、生产管理等工业配套。对于有一定潜在瓷砖市场消费空间却又不具备陶瓷产业配套的非洲国家而言，科达洁能这一定位无疑切中了当地消费市场的痛点。

（2）成本节约显著。实际上，合资企业在非洲一些国家的投资结合了三种优势，除了广东森大的市场网络资源、科达洁能的技术与制造优势，还有一个优势就是非洲制造的成本优势。尽管在非洲开展制造活动面临电力供应等方面的困境，但是为了吸引投资，非洲各国制定了一定的税收优惠政策，包括产品出口税收减免、所得税优惠以及设备进口税优惠等；非洲大部分劳动力是年轻人，失业率较高，开办企业的人工成本相对较低；从当地采购原料也会节约很多成本（工厂 95% 的原料都是在当地采购）。例如，投资项目充分利用坦桑尼亚等国的土地、矿产、区位及东非共同体和南部非洲发展共同体的政策优势，实现本地化生产制造高品质瓷砖，并出口至周边国家。这些都极大地降低了制造成本，成为投资非洲的吸引力。

（3）核心竞争力突出。按照科达洁能的总结：特福陶瓷工厂是科达洁能在非洲市场"与优势海外合作伙伴合资建厂＋整线销售＋技术工艺服务"战略的示范项目。通过"制式输出"，与海外市场的管理服务团队（广东森大）合作，两者实现互补，市场竞争优势显著。

（4）从共同的资金投入到不同生产环节的合作使得经营相对稳定，降低了风险。对于广东森大而言，有了科达洁能的生产制造优势的输入，克服了直接投资中生产端和技术端的瓶颈，解决了一系列制造难题，从而将经营更集中于市场开拓。而科达洁能也能够专注于技术开发和服务。这种合作投资，不仅是资金的合作，也是专业化优势的合作，有效地提升了竞争力，降低了经营风险。

（5）加深了与本地的联系，显著降低了"外来者劣势"带来的限制因素。生产型投资在非洲很多国家都受到欢迎，因为它不仅带动了就业、政府税收，而且推动了非洲的工业化发展，契合政府提出的"一区一厂"发展战略目标，受到政府的鼓励。由于生产型投资会带来直接的技术溢出效应（培训和使用本地技术人员、管理人员），并通过"乘数效应"拉动其他领域的投资，包括水电、交通等基础设施建设，因此它相对于进出口贸易有很多优势。在广东森大和科达洁能合作投资之后，很多政府官员参观访问其工厂，并承诺解决企业遇到的各种问题，这种网络关系的增进也显著降低了投资者的风险，稳固了当地市场的运营，更增进了中非友谊。

3.6 案例启示

企业开展海外运营不仅是产品"走出去"，还需要构建一个稳定的分工体系，保障投资项目顺利实施。但是，当"走出去"面临海外运营的关键要素缺失时，企业如何开展海外投资？本章关于广东森大与科达洁能的投资案例提供了很好的启示。具体而言，包括以下几个方面：

（1）通过与具有专业优势的企业合作，破除投资困境。由于地区经济之间的差异，一个企业试图在海外建立起一套完整的生产运营体系可能很困难。那么，企业选择专业化协作投资方式就是一种合理的战略选择。协作使得各方能够利用互补资源（市场端、技术端与生产端的资源），提升对外投资的整体竞争力；协作还能有效地降低彼此间的竞争性，提升投资激励，降低市场运营风险。

专业化协作投资不同于一般的"抱团出海"。"抱团出海"的意义过于宽松，企业之间的联系可能较弱，它们可能都到同一个地区去投资，部分企业可能从事相同的生产运营环节，还会在一定程度上形成竞争关系。"抱团出海"的企业如果没有结成紧密的合作关系，就不能形成有效竞争力。不过，如果是同一产业的上下游企业合作投资，就会形成竞争力，因为它们处于不同的价值链环节，彼此间没有利益冲突，反而存在利益关联，容易达成合作。

（2）什么条件下适宜采用专业化协作投资？实际上，广东森大有不同类型产品的海外投资项目，它除了在非洲投资生产陶瓷产品，还投资生产一些生活日用品，例如纸尿裤、洗衣粉等，而且这些项目都是广东森大独自经营的（见表3.3）。为何陶瓷生产选择合作投资呢？主要的一个原因是产品技术相对复杂。对于洗衣粉、纸尿裤产品而言，生产技术相对成熟，技术难度系数也较低，广东森大容易掌控这一类产品的生产运营方式。为了获取更大的市场利益，企业更倾向于选择独立的一体化运营方式。对于陶瓷制造这类生产技术相对复杂的产品而言，做贸易出身的广东森大更适合选择一个合作方开展联合投资，在实现专业化优势互补的同时分享利润。

表 3.3　　　广东森大在非洲市场的其他类别产品的生产投资

时间	投资项目
2017 年之前	广东森大建立加纳洗衣粉厂、加纳五金厂。
2017 年 11 月	广东森大的坦桑尼亚洗衣粉厂正式投产。坦桑尼亚洗衣粉厂是广东森大继加纳洗衣粉厂后第二个投建的非洲洗衣粉厂，也是继坦桑尼亚五金厂、坦桑尼亚陶瓷厂后第三个顺利投产的坦桑尼亚工业制造厂。
2018 年 9 月	广东森大坦桑尼亚纸尿裤厂在工厂车间隆重举行一期投产仪式。
2018 年 12 月	广东森大加纳纸尿裤厂投产，有员工 400 余人，经营业绩良好，是撒哈拉以南非洲地区最大的纸尿裤厂。
2019 年 8 月	广东森大肯尼亚纸尿裤厂投产。投资金额为 3900 万美元。肯尼亚纸尿裤厂项目于 2019 年 1 月破土动工，一期建筑占地面积近 3 万平方米，从项目破土动工到工厂落成试产仅历时 5 个月，现月均产能逾 3000 万片。

资料来源：作者依据广东森大网站的资料整理。

（3）协作投资需要关注的问题。协作投资需要关注两个问题：一是合作治理问题。尽管广东森大率先提出在非洲开设陶瓷制造企业，但是在最后的合作方案中，广东森大的股份占 49%，而科达洁能的股份占 51%。因此，在控制权方面，科达洁能具有更大的权利。是什么因素决定了这种股权结构的配置？它可能产生什么影响？特别是作为一个投资战略的发起者，失去控股权意味着在双方发生经营战略分歧时，广东森大有可能处于被动境地。二是未来协作发展的方向是什么？专业化协作意味着合作方要在合作中体现各自的专业化优势。从这一案例来看，本地的优势主要是市场资源。整个非洲市场的生产运营实际上由广东森大和科达洁能主导，非洲本土员工正处在接受转移的生产技术与管理知识阶段。为了提升整体的竞争优势，各方需要聚焦专业化能力的提升。科达洁能应专注生产技术升级与服务，并通过不断地培育本地技术人员和管理人员促进发展,日常的生产管理将逐步转移到以本土员工为主;而广东森大的优势将集中于市场开发与品牌发展。最终,生产制造端将全部由非洲本地员工负责,真正实现品牌运营、技术开发和生产制造的三方合作。

4 投资海外产业园为企业"走出去"提供公共服务

——华立集团等投资案例

由于不同国家的发展差异、制度环境差异等，中国企业在海外投资运营可能面临一些关键要素缺失的问题。例如，企业在一些国家开展投资时会遇到中间品供应困难或者公共服务缺失的问题。在前一章的广东森大投资案例中，企业面临生产运营所必需的水、电等供应不足的问题。广东森大在肯尼亚投资设立特福陶瓷企业时，厂区附近根本没有城市输水管道，企业必须组织人员前往13公里以外的水源打井、铺管，将水引至厂区。另外，广东森大还经常遇到的一大难题是电力供应不足，企业与当地供电部门沟通了四五个月，才通过架设变压器，将电力引到工厂来。但是电力供应经常不稳定，影响了企业的正常运营。另一个例子是青山控股集团在印度尼西亚投资金属冶炼产业。由于印度尼西亚的土地制度、法律环境、社会文化、历史传统和产业体系与中国有很大差异，企业的投资遇到很大的困难。为此，青山控股集团除了投资金属冶炼，还发起投资建立青山工业园，建立电厂、散货码头、生活用房、办公用房、通信基站、引水设施等，实现给水、排水、通电、通路、通信、通暖气、通天然气或煤气等，也吸引了一批中国企业、日本企业入驻青山工业园发展。

但在中国，企业生产运营所需的水电、交通、厂房、清洁环保、通信服务、法律咨询、信息咨询、中介服务等都有完善的供应。另外，企业也很容易找到所需的产业配套产品，包括生产所需的原材料、零部件等。为何有这种差异呢？就中国而言，政府早在改革开放之初就非常重视产业园区的开发与建设。1979 年设立深圳蛇口工业区，1984 年在 14 个沿海开放城市设立第一批国家级经济技术开发区，1992 年设立张江高科技园区，1994 年设立苏州工业园区，到 2015 年底，国家级高新技术开发区共 145 家，国家级经济技术开发区共 219 家，省级开发区更是突破上千家。这些产业园区不仅吸引了大量外资，也促进了产业配套的发展，成为所在城市的重要经济增长点。

对于很多发展中经济体而言，尽管它们拥有丰富的劳动力和自然资源，并且有良好的地理位置优势，但是由于其经济以农业、手工业为主，现代工业经济基础薄弱，这类中间品和公共服务的提供严重不足。

中间品和公共服务具有以下特点：一是它们是基础性产品。各行各业的企业运营都需要这一类中间品和服务。二是它们的生产具有规模经济效应，只有达到一定的生产规模和需求规模，其投资才能具有效益。在一定条件下，它们的投资成本很高，投资成本的收回需要很长的时间。三是它们的生产和提供需要一定的专业技术人员和投入。例如，热电站的建设需要各类专业技术人员，对于很多小国而言，它们不拥有这些生产和建设所需的资源。这导致这类产品与服务的提供和投资不足。四是它们的生产与利用要求集聚性。因为是中间品与服务，它们具有产业链的上下游关联，当与此相关的产业和企业聚集在一起时，能够形成配套，规模经济效应也容易发挥，其生产与提供也拥有更大的激励。这也是现代经济的一大特点，即产业关联和协同效应。同一产业链的企业聚集在一起就能节约中间品采购、输出的运输成本，企业之间的协同效应能够形成市场竞争优势，更快地响应市场需求。

当投资发展中国家时，面对中间品与公共服务供应不足的困难，是选择退却，还是迎难而上？现实的困难并未阻挡投资步伐，海外产业合作园的开发与建设应时而生，它很好地解决了海外投资所需的中间品和公共服务供应问题，为企业的海外投资与运营提供了保障，实现了多方共赢。本章探讨海外产业合作园的性质、功能以及投资建设遇到的挑战、激励与发展建议。

4.1 我国在全球的海外产业合作园发展

4.1.1 海外产业合作园开发与建设概况

海外产业合作园是指中资控股企业在境外投资设立具有独立法人资格且具备完善的基础设施服务和各种专业服务的产业园区。截至 2020 年底，纳入我国商务部统计范围的境外产业合作园区有 113 家。

表 4.1 显示了近年来我国企业在"一带一路"沿线国家和地区投资建设的产业园区，共有 79 家。

表 4.1　　　　"一带一路"沿线国家和地区的产业合作园区

序号	国家	园区名称	实施主体
1	柬埔寨	西哈努克港经济特区	西哈努克港经济特区有限公司
2	柬埔寨	柬埔寨山东桑莎（柴桢）经济特区	诸城服装针织进出口有限责任公司
3	柬埔寨	柬埔寨桔井省斯努经济特区	中启海外（柬埔寨）实业有限公司
4	柬埔寨	华岳柬埔寨绿色农业产业园	华岳集团有限公司
5	柬埔寨	柬埔寨齐鲁经济特区	齐鲁（柬埔寨）经济开发有限公司
6	老挝	老挝万象赛色塔综合开发区	云南省海外投资有限公司
7	老挝	老挝云橡产业园	云南农垦集团
8	老挝	老挝磨丁经济开发专区	老挝磨丁经济专区开发集团有限公司
9	马来西亚	马中关丹产业园	广西北部湾东盟投资有限公司
10	泰国	中国—东盟北斗科技城	武汉光谷北斗控股集团有限公司
11	泰国	泰中罗勇工业园	华立产业集团有限公司
12	文莱	大摩拉岛石油炼化工业园	浙江恒逸石化有限公司
13	印度尼西亚	中国·印尼经贸合作区	广西农垦集团有限责任公司
14	印度尼西亚	印度尼西亚东加里曼丹岛农工贸经济合作区	如皋市双马化工有限公司
15	印度尼西亚	印度尼西亚苏拉威西镍铁工业园	青岛市恒顺众昇集团股份有限公司
16	印度尼西亚	中国印尼综合产业园区青山园区	上海鼎信投资（集团）有限公司

4 投资海外产业园为企业"走出去"提供公共服务

序号	国家	园区名称	实施主体
17	印度尼西亚	中国·印度尼西亚聚龙农业产业合作园区	天津聚龙集团
18	印度尼西亚	印尼西加里曼丹铝加工园区	如皋市双马化工有限公司
19	印度尼西亚	中民投印尼产业园	中国民生投资股份有限公司
20	印度尼西亚	广西印尼沃诺吉利经贸合作区	广西农垦集团有限责任公司
21	印度尼西亚	华夏幸福印尼卡拉旺产业园	华夏幸福卡拉旺产业新城开发公司
22	缅甸	缅甸皎漂特区工业园	中信集团
23	越南	越南北江省云中工业园区	富华责任有限公司
24	越南	越南龙江工业园	前江投资管理有限责任公司
25	越南	中国—越南（深圳—海防）经贸合作区	深越联合投资有限公司
26	巴基斯坦	海尔—鲁巴经济区	海尔集团电器产业有限公司
27	巴基斯坦	瓜达尔自贸区	中国海外港口控股有限公司
28	印度	万达印度产业园	哈里亚纳邦将与万达共同组成管委会
29	印度	印度马哈拉施特拉邦汽车产业园	北汽福田汽车股份有限公司
30	印度	特变电工（印度）绿色能源产业区	中国特变电工能源（印度）有限公司
31	斯里兰卡	斯里兰卡科伦坡港口城	中国交建
32	乌兹别克斯坦	乌兹别克斯坦鹏盛工业园	温州市金盛贸易有限公司
33	塔吉克斯坦	中塔工业园	新疆塔城国际资源有限公司
34	塔吉克斯坦	中塔农业纺织产业园	新疆中泰化学股份有限公司
35	格鲁吉亚	格鲁吉亚华凌自由工业园	新疆华凌集团
36	哈萨克斯坦	哈萨克斯坦中国工业园	新疆三宝集团与开发区建设投资开发有限公司
37	哈萨克斯坦	中哈边境合作中心	当地政府
38	吉尔吉斯坦	吉尔吉斯斯坦亚洲之星农业产业合作区	河南贵友实业集团
39	阿联酋	中国阿联酋"一带一路"产能合作园区	江苏省海外合作投资有限公司
40	阿曼	中国—阿曼产业园	中阿万方投资管理有限公司
41	阿尔及利亚	中国江铃经济贸易合作区	江西省江铃汽车集团公司
42	埃及	埃及苏伊士经贸合作区	中非泰达投资股份有限公司
43	埃塞俄比亚	埃塞俄比亚东方工业园	江苏永元投资有限公司
44	埃塞俄比亚	埃塞中交工业园区	中国交建集团

序号	国家	园区名称	实施主体
45	埃塞俄比亚	埃塞俄比亚—湖南工业园	埃塞俄比亚湖南工业园运营管理公司
46	吉布提	吉布提国际自贸区	中国招商局集团
47	毛里求斯	毛里求斯晋非经贸合作区	山西晋非投资有限公司
48	南非	海信南非开普敦亚特兰蒂斯工业园区	青岛海信中非控股股份有限公司
49	尼日利亚	越美（尼日利亚）纺织工业园	越美集团有限公司
50	尼日利亚	尼日利亚宁波工业园区	宁波中策动力机电集团
51	尼日利亚	尼日利亚卡拉巴汇鸿开发区	江苏汇鸿国际集团
52	尼日利亚	莱基自由贸易区	中非莱基投资有限公司（北京）
53	尼日利亚	尼日利亚广东经贸合作区	中富工业园管理有限公司
54	莫桑比克	莫桑比克万宝产业园	湖北万宝粮油股份有限公司
55	莫桑比克	莫桑比克贝拉经济特区	鼎盛国际投资有限公司
56	苏丹	中苏农业开发区	山东国际经济技术合作公司
57	塞拉利昂	塞拉利昂农业产业园	海南橡胶集团
58	坦桑尼亚	坦桑尼亚巴加莫约经济特区	中国招商局集团
59	坦桑尼亚	江苏—新阳嘎农工贸现代产业园	江苏海企技术工程有限公司
60	津巴布韦	中津经贸合作区	皖津农业发展有限公司
61	乌干达	乌干达辽沈工业园	辽宁忠大集团
62	乌干达	非洲（乌干达）山东工业园	昌邑德明进出口有限公司
63	赞比亚	中垦非洲农业产业园	中垦集团
64	赞比亚	赞比亚中国经济贸易合作区	中国有色矿业集团有限公司（北京）
65	赞比亚	中材赞比亚建材工业园	中材集团
66	俄罗斯	俄中托木斯克木材工贸合作区	中航林业有限公司（山东）
67	俄罗斯	俄罗斯乌苏里斯克经贸合作区	康吉国际投资有限公司
68	俄罗斯	中俄现代农业产业合作园区	东宁华信经济贸易有限责任公司
69	俄罗斯	中俄（滨海边疆区）农业产业合作园区	中俄合资阿尔玛达（ARMADA）公司
70	俄罗斯	俄罗斯龙跃林业经贸合作区	俄罗斯龙跃林业经贸合作区管理有限公司
71	俄罗斯	俄罗斯圣彼得堡波罗的海经济贸易合作区	上海实业集团
72	俄罗斯	中俄—托森斯克工贸合作区	恒达—西伯利有限责任公司

序号	国家	园区名称	实施主体
73	白俄罗斯	中白工业园	中工国际股份有限公司（北京）
74	比利时	中国—比利时科技园	联投欧洲科技投资有限公司
75	法国	中法经济贸易合作区	中法经济贸易合作区有限公司
76	塞尔维亚	塞尔维亚贝尔麦克商贸物流园区	温州外贸工业品有限公司
77	塞尔维亚	塞尔维亚中国工业园	中国路桥集团
78	匈牙利	中匈宝思德经贸合作区	烟台新益投资有限公司
79	匈牙利	中欧商贸物流园	山东帝豪国际投资有限公司

资料来源：商务部网站。

从地域分布来看，大部分产业合作园区集中在东南亚、中亚和非洲地区。例如，表4.1中的产业合作园区有25个集中在东南亚，占到总数的31.6%；设立在非洲的产业合作园区有25个，占到总数的31.6%。还有一些产业园区分布在南亚、中亚和中东地区。大部分产业合作园区集中在发展中国家。其中的原因有两个：一是这些国家和地区的产业运营所需的基础设施与服务相对不足。缺少这些设施和服务，生产型投资很难展开。正是为了弥补这些基础设施与服务的不足，海外产业合作园区才得以建设。二是一些国家在某些生产要素和资源禀赋方面有优势，而缺乏相应的开发项目。例如，一些国家具有丰富的农业资源、橡胶资源、林业资源和矿业资源等，还有的国家处于独特的地理位置，拥有良好的港口，或是位于交通中心位置等，是贸易通商的枢纽。但是这些资源与优势未能得到有效利用，所以才吸引特色产业园区进入。

从产业园区的行业导向划分来看，主导产业包括农作物种植、家电制造、纺织制造、机械制造、电子制造、建材制造等，还有物流合作区、高新技术园区等。它反映了东道国经济的特点：一是农业、轻工业等并未在发展中国家获得完全发展，很多资源尚未开发，相应的产品市场供应仍处于紧张状态。二是发展中国家的劳动要素丰裕、自然资源丰富，设立开发利用这些要素的产业园区符合它们的比较优势和经济发展优势。三是地理位置优越，享受国际贸易的优惠政策。一些地区位于国际贸易航运的枢纽，并且发达国家给予了它们很优惠的贸易政策，这些地区可以成为贸易和物流的集散地。

4.1.2 重点产业园区介绍

4.1.2.1 泰中罗勇工业园和北美华富山工业园

浙江华立集团（以下简称浙江华立）创立于 1970 年 9 月，最初从事雨伞、扫帚和竹器制造，后续开展小规模电能表生产，并在 20 世纪 90 年代发展成为我国电工仪表行业规模最大的企业。2000 年 10 月，浙江华立在泰国设立电能表工厂，实施"销地产"战略，也开启了国际化发展道路。同时，浙江华立通过青蒿素产业化涉足医药产业，从 2002 年开始，分别收购控股了昆明制药（昆药集团）、武汉健民（健民集团），并使医药成为集团的核心业务。2005 年，浙江华立与泰国安美德集团合作在泰国东部的罗勇工业园区投资开发规划占地 12 平方公里的泰中罗勇工业园，并成为中国首批在海外设立的八个工业园之一。2015 年，浙江华立、富通集团和墨西哥桑托斯家族联合投资建设北美华富山工业园，为制造业提供综合配套服务。截至 2020 年底，入驻泰中罗勇工业园的中资企业近 150 家，包括富通集团、中策橡胶、三花控股等浙江知名企业，还有通用轮胎、奥创空调、海螺型材等企业，入园企业雇佣了泰籍员工 3 万余人。目前浙江华立已经将海外产业园区的开发与建设作为其主导产业之一，即"工业园产业"，它与其他业务领域，例如大健康产业、能源物联网产业、新材料产业等并列，成为浙江华立的业务特色。

浙江华立开发海外产业园区是为了解决它在海外投资过程中遇到的一些困境。尽管泰国的基础设施条件相对于其他东南亚国家而言整体较好，但是对于外来的投资者而言，在泰国尽快开展运营仍会遇到很多问题，包括语言、投资审批、厂房建设、设备采购和调试、优惠政策享受办理、银行开户、水电联通等，这些问题仍会对企业实现投资目标构成很大的困难和障碍。并且，这些问题是外来投资者遇到的共性问题，涉及东道国的基础设施服务和其他中介服务提供。为外来投资者营造一个良好营商环境和服务设施很重要，它不仅能够节约投资企业大量的成本，提升投资效益，还能集聚配套企业，解决投资的产业链配套问题，带来很好的发展效益。正是由于挑战和机遇共存，浙江华立与具有丰富产业园区开发经验的泰国安美德集团合作，成功开发和建设泰中罗勇工业园。

4.1.2.2　柬埔寨西哈努克港经济特区

柬埔寨西哈努克港经济特区（以下简称西港特区）是由江苏红豆集团主导，联合中柬多家企业在柬埔寨唯一的国际港口城市——西哈努克共同投资建设的国家级产业合作园区，于 2008 年开始兴建。一直以来，柬埔寨的基础设施状况不好，影响了当地的发展和外企入驻。不过，在西港特区成立以后，经过投资方的努力，西港特区的投资环境和服务设施有了很大的改进。园区不仅提供水电、污水处理等服务，还提供一站式行政服务，包括在人力资源雇佣、培训（语言、技能等培训）、法律咨询、金融、物流等方面提供服务。

目前，西港特区已经有来自中国、欧美、东南亚等国家及地区的 174 家企业入驻生产，园区入驻的企业绝大部分来自中国，其中，浙江企业占到三成以上。西港特区的发展还得益于柬埔寨特殊的地理位置和享受到的国际贸易优惠政策。柬埔寨于 2004 年加入世界贸易组织，其享受到的一个优惠就是美国、欧盟、日本等 28 个国家和地区给予柬埔寨普惠制待遇：对于从柬埔寨进口的纺织服装产品，美国给予宽松的配额和减免征收进口关税，欧盟则不设限，加拿大给予免征进口关税等优惠。另外，柬埔寨出口到美国的箱包和其他旅行产品等也能享受零关税优惠。

4.1.2.3　中埃泰达苏伊士经贸合作区

中埃泰达苏伊士经贸合作区（以下简称泰达苏伊士合作区）由天津泰达控股和中非基金共同出资建设，位于埃及苏伊士运河走廊。天津泰达一直是中国开发区的代表，早在 1998 年天津泰达就代表中国帮助埃及开展苏伊士湾西北经济区建设。2009 年，泰达苏伊士合作区被商务部、财政部正式认定为国家级境外经贸合作区。泰达苏伊士合作区以工业项目为主，涵盖加工制造、物流、报税、技术开发等服务。截至 2018 年底，泰达苏伊士合作区入驻企业 96 家，实际投资额超过 10 亿美元，销售额超过 10 亿美元，直接解决就业超过 3500 人。

目前，泰达苏伊士合作区入驻的企业包括浙江巨石公司、华宏钻业、西电公司、丰尚（牧羊）公司、IDM 公司等。这些公司的运营结合了埃及经济的特点，取得了良好的经济效益，并形成了较为完整的产业链。例如，在浙江巨石公司的带动下，埃及丰富的制造玻璃纤维材料得到有效利用，原先并不是玻璃纤维生产国的埃及也借此一跃成为世界第五大玻璃纤维生产国和出口国。利用埃及特殊地理位置和享有的贸易优惠政策，大量的玻璃纤维产品在埃及生产以后被销往欧洲、美国等地，巨石公司的海外运营取得了很大成功。

泰达苏伊士合作区除了建设有标准的厂房，还配备有投资服务中心、四星级酒店、员工公寓、儿童水上乐园等设施，苏伊士运河银行、法国兴业银行、中海运公司、韩进物流、苏伊士运河保险公司等机构入驻。埃及政府也为合作区设立了公共汽车中心站，解决了区内工人上下班出行难的问题。另外，合作区还设立了专门的海关办事处，为客户提供方便快捷的海关物流一站式服务。合作区已经发展成为一个多功能的服务区，它集生产、生活、商业于一体，成长为一个现代化经济小镇。合作区在整个苏伊士运河经济区建设中发挥了引领作用，也带动了整个经济区一批重大工程的建设和发展。

4.1.2.4 乌兹别克斯坦鹏盛工业园

乌兹别克斯坦鹏盛工业园（以下简称鹏盛工业园）是由浙江省温州市金盛贸易有限公司（以下简称金盛贸易公司）在 2009 年开发设立的轻工业园区，2016 年被中国商务部认定为国家级境外经贸合作区。它位于距乌兹别克斯坦首都塔什干约 70 公里的锡尔河州。鹏盛工业园的创立与金盛贸易公司的业务发展有关。金盛贸易公司一直从事日用五金类产品贸易，将浙江的优势产品销往中亚和俄罗斯等地区。随着中国与这些地区经济往来的深入，贸易联系转换为生产联结成为各方共识。鹏盛工业园的发展战略就是将浙江省温州市在制革、瓷砖、卫浴五金等领域的传统制造优势与当地资源相结合，开展产能合作。乌兹别克斯坦处在重要的地理位置，同时人工成本相对低廉，实现产能转移具有很大的优势。为产能转移提供服务是鹏盛工业园建设的直接目标。

截至 2020 年底，鹏盛工业园已经吸引从事瓷砖、皮革、鞋类、龙头阀门、卫浴、宠物食品等产品生产的 12 家企业入驻，其中 11 家企业来自温州。其雇佣的工人有 1800 名，当地工人占到 80% 以上。鹏盛工业园的设立极大地改善了当地的投资环境，带动了基础设施的建设，鹏盛工业园已经配套有铁路专用支线、天然气变送站、污水处理系统、产品检测中心和海关监管仓库等。随着一批优质企业的入驻，当地薄弱的制造业基础得到极大提升。鹏盛工业园不仅带动了当地的生产发展，也促进了乌兹别克斯坦经济结构的转变，铁路、公路网等基础设施建设快速发展。

4.2　海外产业合作园的性质与功能

海外产业合作园的性质是什么？正如前文所述，它是一个中间品和服务供应商，它的主要功能就是弥补东道国在基础设施服务和一些中间品提供方面的不足，更好地服务外来投资者。

对于跨国企业而言，开展海外运营既要解决生产运营的技术、产品、设备和资金问题，又要解决一些具有共性、规模经济的中间品与服务的提供问题，否则投资效益就会大打折扣。因为提供某些中间品和服务意味着它需要跨业、跨领域运营，而且还需要巨额的资金投入。中间品和服务的缺失问题会使外来投资者望而却步，并形成恶性循环，严重制约东道国的经济发展。

破解这一难题的关键就是让具有专业优势的国家和企业投资建设海外产业合作园，依靠它们解决投资所需的中间品和服务供应问题。海外产业合作园一般具有以下特点：

第一，海外产业合作园提供多项基础设施和服务，而且是很多企业所需的基础性服务和共性服务。投资国到海外开展运营活动，等于开始一项新的商业活动。由于国家之间的差异，在投资国已经作为基础条件的水、电力供应、污水处理却可能在东道国短期内无法解决。并且提供这些基础设施需要有一定的技术基础（例如道路、厂房等工程建设）和前期巨额投资，但是发展中国家的政府或企业（小企业为主）往往不具备这样的资金和基础设施提供能力，因此需要外部资金和技术提供这些投资必需的设施和服务。

第二，海外产业合作园的企业的经营活动往往具有关联性，这使得有必要将企业集聚在一起，实现共同发展。首先，从东道国而言，如果能够实现外国企业的集约运营，不仅能够大量节约土地、厂房、电力和水力资源，还能集中提供投资所需的各种服务，例如税收、海关、环保、人力资源、仓储运输服务等。对于企业而言，它可以集约解决货运清关、税收、财务、国际物流、公司注册、商标注册、劳务签证、工人住宿、生活服务等问题，也可减少与政府沟通的成本。这就大大提升了东道国的外来投资利用效率，有助于经济发展质量的提升。其次，对于投资国的单个企业而言，它处于产业链的某一个环节，它在海外运营需要相关的产业链配套。例如，鞋类加工、服装加工等企业如果能和皮革制造、面料生产、印染等企业集聚在一起，就能节约大量的采购成本、运输成本。一个典型案例就是国内某大型服装出口贸易企业准备在海外投资设厂，开展服装加工运营。该企业考察了多个国家，一直未找到理想的投资地。尽管不少国家的劳动力成本较低，且享受很多进出口贸易的免税优惠政策，但是产业链配套不足，不是理想的投资地。因此，就不同企业经营活动的关联性和集约性而言，实现多个企业的集聚发展，即形成产业集聚，不仅有利于东道国，也有利于外国投资者。

第三，海外产业合作园发展具有规模经济效应，它有利于园区各个企业的发展。规模经济是从动态效率角度来审视产业园区的作用。对于园区企业而言,产业园区越大,聚集的企业越多,企业开展海外运营的风险就越低,政策风险越低,其谈判能力越强,在货物采购运输、劳动力雇佣等方面的成本越低,有助于企业获得更大的收益。另外,园区的网络效应也会吸引越来越多的企业聚集,带来更多效益。正如泰中罗勇工业园的入驻企业中策橡胶(泰国)有限公司总经理陈华所言:"在行业龙头企业进入工业园后,其产业链上下游企业自然也是紧跟着步伐,逐渐形成其产业生态圈,建立相对完善的产业闭环。随着中策的发展,国内多家企业跟着出海,为我们提供设备维护、原材料本土供应等服务,在整个园区,仅轮胎行业产业链上的企业就有20多家,产业集群规模初显。"①

第四,海外产业合作园的兴起还与它能为企业提供很多优惠条件和待遇有关。这些优惠条件是东道国政府为了吸引外国投资而主动提出。当投资企业面临多个投资地选择时,它就需要考虑不同地区的优惠条件。而东道国政府为了促进地区产业集中发展,会在特定地区实施优惠政策。特别是在国与国之间竞争吸引外来投资时,这类区域优惠政策有很大的吸引力。在中国的苏州、越南的海防都建设有新加坡工业园,它们都享受着东道国政府为入园企业提供的优惠政策,这些优惠政策吸引了很多外来投资。

4.3 海外产业合作园发展面临的问题

海外产业合作园是海外投资企业的重要公共服务平台。那么,这一公共服务平台应由谁来开发和建设呢?首先,对于东道国而言,提供此类服务存在一定的困难。这与发展中国家的经济状况相关,部分发展中国家不仅缺乏消费品生产企业,其公用事业部门、基础设施也严重缺乏。发展中国家与发达国家在很多方面存在差异,不仅存在私营企业数量、产品质量的差异,还存在工业体系是否健全等方面的差异。许多发展中国家是农业国家,人口数

---

① 孙广勇. 打造"一带一路"沿线国家境外示范园区 [EB/OL]. http://fec. mofcom. gov. cn/article/fwydyl/zgzx/202009/20200902997810. shtml, 2020 – 08 – 27.

量相对较少，技术力量薄弱，在很多领域的工业生产能力低下，在水电、通信网络和运输物流等基础设施建设方面更是缺乏经验。

其次，对于中国而言，它在基础设施建设和公共服务提供方面有着丰富的经验。改革开放以后，中国各地先后建设了大量的开发区，吸引了全球许多跨国公司来中国投资。中国企业在产业园区建设方面有足够经验、技术和资源。中国的基础设施建设公司，包括中国建筑集团、中国中铁集团、中国冶建集团等开发建设有许多重大工程，能够为基础设施建设提供全方位的支持。

正是基于东道国的这种需求和投资国所具备的能力，2000 年以来我国民营企业在全球建立了不少海外产业合作园，填补了企业海外投资的一环。

不过，海外产业合作园的建设虽然是一项互利共赢的事业，但是它的开发与建设仍会面临一些困难和问题。

第一，海外产业合作园的建设投入大，回报慢，给开发企业形成很大的融资压力。产业园区提供的是一项长期服务，它的回报期很长，投入却很集中，且资金需求很大。我国民营企业本身需要融入资金支持经营活动，因此产业园区的建设对企业构成很大的资金压力和负担。

第二，民营企业在产业园区建设中会遇到技术人员短缺问题。由于一些发展中国家的工业基础薄弱，大部分当地人员从未接触过复杂的基建和设备安装工作，因此所有的建设工作都需要中方给予指导。此外，语言、文化、气候等方面的差异也会给项目建设团队带来严峻挑战。

第三，涉及的机构、人员复杂，服务种类繁多，需要各方协调与合作。产业园区提供的很多是公共服务，这些服务的顺利提供需要与各个层面的政府机构沟通与协调。在我国各类开发区的建设过程中，都是由政府主导，企业合作参与。但是在发展中国家，政府部门不具备这样的经验，需要企业承担重要的角色。在园区建设和运营中，企业不仅要尽可能从东道国政府争取优惠政策，还要尽可能帮助入驻企业获取收益，以获得相应的服务收入。多方博弈使得海外园区的运营管理较国内开发区更为复杂。

第四,产业园区开发设计考虑不足。产业园区的设计首先要考虑到其性质和功能,它是基于东道国的投资环境、经济发展目标和投资企业的需求而定。产业园区作为一个公共设施和集成服务提供商,需要作总体的战略布局规划。另外,一些产业园区在规划初期虽有主导产业的定位,但在实际发展过程中,缺乏自身特色和行业优势,也忽视了东道国当地的实际经济情况和需求,最终影响了产业园区的招商引资。

4.4 促进海外产业合作园发展的建议

我国企业在发展中国家兴建大量的海外产业合作园,其根本作用就是提供中间品与服务,为企业的海外投资运营提供保障。产业园区的发展应以此为导向,努力提升各类中间服务的质量,为入园企业带来更多效益。也只有如此,才能实现产业园区的长期、稳定发展。

一是充分利用东道国和投资国的各项政策支持,推动产业园区开发。

海外产业合作园主要提供的是公共服务,包括水电供应、交通运输、财税与金融服务等,这类服务的提供既需要大量资金投入,又需要多方面的联动。例如,产业园区建设需要进行土地开发、基础设施等方面的建设,投资周期长,资金需求规模大。目前,很多的园区建设由中方企业主导,且这些企业多为行业龙头,但是它们仍然面临巨大的资金压力。因此,无论是投资国政府还是东道国政府,都应在这类基础设施建设与服务提供中发挥重要的帮扶作用。例如,园区开发可以争取我国商务部、财政部、国家开发银行、中国进出口银行、中国出口信用保险公司等的支持,有条件的可以争取相应的补贴资金。同时,园区还应积极向东道国政府争取各项优惠政策,提升园区投资的吸引力。对于开发过程中遇到的重大问题,甚至可以由我国政府与东道国政府共同协商解决。

二是加强本地合作,共同建设产业园区。

产业园区建设涉及多个方面，既要与政府、当地社区沟通，又要与投资国企业沟通，吸引和稳定它们在园区的投资。一种有效的投资方式就是投资国企业与东道国政府、企业或有影响力的组织联合开发产业园区。这种合作方式能形成利益联结，发挥多方力量，共同解决园区建设遇到的阻碍。很多园区建设都采取了与本地合作的方式。例如，浙江华立 2005 年与泰国安美德集团合作开发泰中罗勇工业园。安美德集团早在 1988 年就在泰国兴建邦巴功工业园，1994 年在越南胡志明市设立安美德雅美达工业园，1995 年又在泰国曼谷设立安美德罗勇工业园。安美德集团既在泰国有很大的影响力，又有丰富的工业园区开发经验。浙江华立与安美德集团合作能借助其深厚的网络关系将园区建设迅速且高质量展开。2014 年，浙江华立与浙江富通联合成立合资公司浙江华立富通投资有限公司（以下简称华立富通）；2015 年，华立富通与墨西哥桑托斯家族联合开发北美华富山工业园，推动中国制造业更便捷地走进北美市场。

再如，巴基斯坦海尔—鲁巴经济区 2006 年由海尔集团和巴基斯坦鲁巴（RUBA）公司共同出资兴建，它以海尔在巴基斯坦的工业园为基础而扩建。中巴股比为 55:45，双方均以现金方式出资，共同购买土地、进行园区建设。印度尼西亚的青山工业园由中国青山钢铁集团下属的上海鼎信投资集团和印尼八星集团合作投资。两个合作伙伴形成分工，青山钢铁主要负责生产技术和设备装配，八星集团主要负责政府协调，工业园区建设很容易开展。柬埔寨西哈努克港经济特区则由江苏太湖柬埔寨国际经济合作区投资有限公司联合柬埔寨国际投资开发集团有限公司共同开发建设，也是"一带一路"建设的标志性项目。在非洲，尼日利亚莱基自由贸易区（中尼经贸合作区）则由中非莱基投资有限公司与尼日利亚拉各斯政府、尼日利亚莱基全球开发公司合作开发。2007 年 11 月，莱基自由贸易区被中国商务部批准为"境外经贸合作区"，成为中国政府支持的境外合作区。因此，加强本地合作是一种推进产业园区开发的有效方法，既能将中国的经验、技术和资金有效利用起来，又能借助相关利益将本地资源利用起来，实现合作者之间的专业化分工，有效地推进产业园区的建设，提升服务质量。

三是增强产业园区的导向性，打造产业聚集地。

正如前文所述，产业园区的一大功能就是关联企业聚集带来的经济效应，它能够提升入驻企业的收益，也能促进产业园区的长远发展。所谓"关联"，有两层含义。第一层含义就是园区入驻企业要与本地优势关联，能够形成对外竞争优势。一些国家具有劳动力资源优势，还有些国家拥有自然资源优势，投资企业结合利用这些本地优势就能提升运营效益。在我国境外产业合作园区中，有很多农业合作区、林业合作区、纺织产业合作园区、能源合作区和物流合作区等，这些合作区的设立就具有显著的导向性。第二层含义是产业园区的企业之间存在产业链的关联。同一产业的企业，特别是上下游企业聚集在一起，能够节约大量的成本，还能巩固合作关系。例如，在尼日利亚的越美纺织工业园拥有完整的纺织产业链，入驻有棉纺、织造、针织、绣花、印染、服装加工等相关产业链的企业。为了打造合理完整的产业链，浙江越美集团在开发产业园区之时就带动了浙江绍兴的棉纺、织造、印染、服装等15家企业到尼日利亚创建纺织园区。这些企业的入驻提升了产业园区的吸引力，也给当地经济发展带来规模效应。总之，产业园区是否有良好的产业链配套已经成为其他投资企业的一个重要考量。产业园区开发建设需要考虑到产业发展的导向性和集聚效应。

四是提升产业园区各类服务的质量，提升园区竞争力。

正如前文所述，产业园区的一个本质就是为投资提供在东道国"缺失"的公共服务。与发达国家相比，发展中国家在提供水电、交通物流、行政审批、人力资源、培训、法律咨询、安保物业、金融保险及清关物流等服务方面存在不足。因此，产业园区的发展目标就是要努力提升服务质量，提升园区竞争力。第一，在园区选址方面，尽量选择交通便利的地区，靠近省会城市、高速公路、国际机场或港口。在这些地区建设产业园区可以节约大量的贸易成本。中国的产业园区主要分布在亚非拉发展中国家，很多地区的道路、通信、水电等基础设施薄弱，由此产生的成本占总生产成本的比重较大。另外，选址还要选择人力资源充足、能源充足的地区，这样能节约大量的劳动成本、材料成本和能源成本。总之，产业园区的选址很重要，对企业的经营也会产生很大影响，要做好合理规划。第二，不断改进园区的服务质量。除了硬件设施薄弱，发展中国家在软件设施方面也很薄弱，各种隐性成本存在，降低了企业的效益。因此，产业园区应不断提升服务质量，在税收、进出口贸易、劳动力等方面尽可能提供协助，帮助企业控制成本，实现产业园区和入驻企业的互利共赢、共同发展。

4.5　案例启示

企业开展海外投资会遇到很多挑战，部分挑战来自企业的生产技术、人员、品牌与当地融合的问题，部分挑战则来自当地投资关联要素的缺失或获取困难，包括各类中间服务和原材料、零部件的供应。后一类挑战在某些国家可能不存在，但是在一些发展中国家确实存在，并且这些发展中国家往往无力独自解决这些问题。

为了弥补投资所需的关键要素，投资国的企业会进一步分化：部分企业会专门从事产业园区的开发与建设，提供中间品和服务；部分企业会聚焦专业领域的产品制造，为海外终端客户提供服务。本章所讨论的浙江华立集团、天津泰达集团都是海外产业合作园建设者，它们有的本身是房地产和园区开发商，例如天津泰达集团，有的则是民营制造企业，同时从事产业园区开发。浙江华立集团已经把海外产业园区开发作为一项主导产业予以发展。这些案例充分显示了海外产业合作园建设的重要性，也表明海外投资发展正在分化，有助于我国企业"走出去"。

除了海外产业合作园建设，在实际投资过程中，我国企业可能还面临许多"缺失"的服务，例如企业的国际运营人才不足、信息咨询服务不足等。

4 投资海外产业园为企业"走出去"提供公共服务

目前为企业"走出去"提供咨询服务的主要是国际知名的咨询公司，我国提供这类专业服务的能力明显不足。未来，海外投资会朝着专业化方向发展，每个企业都应形成特色优势，共同推进海外投资事业的发展。

5 贴近客户，稳定战略性市场

——福耀玻璃投资美国案例

众所周知，发达国家的运营成本往往高于发展中国家。但是为何一些企业却将生产制造基地选址在欧美等发达国家？这一现象背后的原因是，尽管地区间的运营成本差异很重要，但是确保海外市场的稳定性、获取全球领导力是企业更重要的发展目标。"贴近市场、稳定市场"是企业开展对外投资的重要原因之一。

一直以来，传统理论将成本与收益的比较作为分析企业海外投资行为的关键变量。例如，Markusen（2002）的理论研究表明，企业的海外投资选择取决于贸易产生的运输成本、关税成本与海外建厂的生产投入成本的比较①。贸易成本除了显性的运输成本和关税成本之外，还应包括维护稳定的客户关系所投入的成本，包括信息沟通成本、搜寻成本等，以及及时响应服务和售后维修服务等各类成本。由于激烈的市场竞争，隐性的贸易成本实际很高。

确实有不少的企业到海外投资是为了获取资源、节约成本。例如，一些企业到发展中国家投资，因为这些国家有更低的劳动力成本。我国不少纺织服装企业选择在越南、孟加拉国等地投资设厂，因为越南、孟加拉国有大量的年轻劳动力，劳动力成本相对较低，也出台了大量的投资优惠政策。另外，国际贸易保护主义抬头，选择去越南、孟加拉国等地投资能够避开一些国家

---

① Markusen J. R. Multinational Firms and the Theory of International Trade [M]. Massachusetts：Institute of Technology，2002.

针对中国商品设置的贸易壁垒，稳定企业的国际业务。

一部分企业会选择到制造成本相对高的欧美国家开展生产型投资。福建福耀玻璃工业集团（以下简称福耀玻璃）、浙江海亮集团、巨石集团等近年来都在美国投资设厂。例如，福耀玻璃于 2014 年宣布在美国的伊利诺伊州建设浮法玻璃的生产线；浙江海亮集团于 2019 年 8 月在美国休斯敦市郊投资建设生产基地，一期项目主要生产铜管产品。

企业到发达国家开展生产型投资的驱动力是什么？一部分原因来自制造成本的节约。例如，发达国家的能源相对便宜、土地成本低、部分税种税率低，且当地政府会提供一定的投资补贴等。但是它们不是主要的投资决定因素。更重要的原因是企业从全球战略角度为获取重要市场而作出这一投资决策。对于一些企业而言，通过海外投资方式贴近客户、贴近市场能够稳固企业的运营，获取更大的市场份额和控制力。特别是那些提供专业化产品的企业，稳定客户对于它们的发展至关重要。本章分析的福耀玻璃提供的汽车玻璃产品就是一种专业化产品，它只供下游的汽车生产商使用。由于产品的专业属性，维持与下游客户紧密的联系很重要。不过，在全球经济中，企业与客户的联系程度会受到地理距离、文化、政策差异等的影响。"地理距离"意味着供应链风险，尤其是在全球经济不确定性加大的时候，不同国家经济政策的变化会对企业的国际业务产生重大影响。

对于开展国际业务的企业而言，运营成本不仅包括各种"看得见的生产成本"，也包括一些"看不见的成本"，例如交易不确定性带来的风险、政策不确定性带来的风险等。企业与客户之间的"距离"就是这些隐性成本的综合体现。企业的投资不仅是基于显性成本与收益的比较而作出的选择，也是基于这些隐性成本与收益的比较而作出的选择。一些知名企业为了最大程度降低国际化运营的成本，甚至选择"去中心化"，与分布全球的客户保持紧密联系，为客户提供高质量的服务。

5.1　企业简介

福耀玻璃成立于 1987 年，它是我国福建省的一家玻璃制造企业，致力于汽车玻璃技术开发和生产。福耀玻璃于 1993 年在上海证券交易所上市，2015年又在香港交易所上市。经过几十年的发展，福耀玻璃已经在中国的 16 个省市以及美国、俄罗斯、德国、日本、韩国等建立起现代化的生产基地。同时，为了提升生产技术水平，福耀玻璃还在中国、美国以及德国等设立研发中心。福耀玻璃的全球雇员达到 2.7 万人。它已经成为全球最具规模的汽车玻璃专业供应商之一，为奔驰、大众、福特等知名品牌的汽车公司提供产品和服务。

福耀玻璃的国际化历程分为三个阶段：

第一个阶段是出口阶段。从 1989 年起，福耀玻璃就开始向中国香港配件市场出售汽车玻璃。1989 年，福耀玻璃开始向广州标致公司出售汽车玻璃，这使得其业务拓展至国内的配套汽车玻璃市场。1991 年，福耀玻璃开始向加拿大 TCG 国际公司出口汽车玻璃，其汽车玻璃业务首次拓展至发达国家的配件市场。从 1994 年开始，福耀玻璃开始筹建海外的营销网络与服务机构。它在 1994 年 12 月建立美国绿榕玻璃工业有限公司，负责在北美销售汽车玻璃。2001 年，福耀玻璃已经发展成为年销售收入超过 10 亿元人民币的大集团公司，在国内汽车玻璃市场的占有率上升到 50% 左右，同时通过出口贸易获得了美国市场的相当份额。2001 年，PPG 等三家美国公司向美国贸易委员会和美国商务部提出反倾销调查诉讼，美国商务部在 2002 年 2 月作出的裁决中认定福耀玻璃的倾销率为 11.8%。美国商务部认为福耀玻璃的产品使用了进口材料，并且这些进口材料得到了政府补贴。福耀玻璃积极应诉，提供了相关证据，最终证明其所进口的浮法玻璃不存在政府补贴。2004 年 10 月的仲裁结果为美国商务部对福耀玻璃仅征收 0.13% 的关税，最终福耀玻璃赢得诉讼。

第二阶段是专业化的出口配套阶段。2002 年 10 月，福耀玻璃与韩国现代公司签订了供应协议，该协议意味着福耀玻璃的一般出口销售转为国际化的

OEM 配套服务。国际化定制销售与服务稳定了上下游的供应链关系，也稳定了福耀玻璃在国际市场的销售。为了提升竞争力，福耀玻璃也在不断改进产品技术，提升服务质量。例如，2003 年福耀玻璃拓展浮法玻璃项目，提升了技术水平，在这以后，它开始为奔驰等公司专业配套生产汽车玻璃。2006 年以后，福耀玻璃将营销网络拓展至德国、韩国、日本、美国等汽车生产与消费大国，为这些出口市场的客户提供配套服务。

第三阶段是生产的国际化阶段（见表5.1）。从 2008 年开始，福耀玻璃逐渐剥离了部分建筑级玻璃业务，专注汽车玻璃业务发展。公司也越来越重视海外业务，先后在俄罗斯、美国、德国等设立生产基地，专业配套国外客户。福耀玻璃的国外收入占比随之逐步上升，2018 年国外收入已占到 41.8%，2019 年上半年则进一步上升至 48.26%。

表 5.1　　　　　　　　　　　福耀玻璃的生产国际化

时间	地点	项目简介
2005 年 3 月	南加州	注册资金为 290 万美元，全面取代原美国绿榕玻璃工业有限公司在北美的福耀汽车玻璃销售业务
2007 年	韩国仁川	主营业务为汽车用玻璃产品的制造、批发及进出口
2008 年	日本	主营汽车用玻璃制品的销售
2011 年 6 月	俄罗斯卡卢加州	汽车玻璃生产项目
2014 年	俄亥俄州	花费 1500 万美元买下美国通用汽车位于俄亥俄州代顿市的一家装配厂。该项目累计投资额超过 7 亿美元（约合 50 亿元人民币）
2014 年 7 月	伊利诺伊州	从世界汽车玻璃巨头 PPG 收购芒山工厂浮法玻璃生产基地
2017 年 3 月	德国	2018 年 9 月福耀玻璃欧洲新厂正式投产
2019 年 1 月	德国	以 5883 万欧元的价格购买了 SAM 汽车生产有限公司（SAM automotive production GmbH）的破产资产，包括设备、材料、产成品、在产品、工装器具等
2019 年	斯洛伐克	生产型企业
2019 年	墨西哥	生产型企业

资料来源：福耀玻璃官网。

5.2　如何扩大和巩固海外市场

早在 2011 年投资俄罗斯的生产基地之前，福耀玻璃的发展遇到一个重大问题，就是如何进一步提升与巩固海外市场收入，成长为全球汽车行业的顶级供应商？福耀玻璃的产品已经在国内市场占有很高的份额，但是在国际市场的占有率并不高。福耀玻璃的发展目标是成为世界一流的汽车玻璃供应商，但是要实现这一目标还需要付出很大努力。例如，福耀玻璃在中国市场的份额已过半，为国内主流的汽车制造商提供玻璃产品，但是截至 2011 年，福耀玻璃的国际市场占有率不到 5%。与此相反，世界前两大汽车玻璃生产商——板硝子公司、旭硝子公司在日本本土的销售比例均不足 50%，但是它们却占有全球市场的相当份额。例如，板硝子公司在 2006 年购买英国皮尔金顿公司后，其汽车玻璃业务核心区域已转至欧洲。板硝子公司、旭硝子公司和圣戈班公司是全球汽车玻璃制造行业的三巨头[1]。福耀玻璃要成为全球领先的供应商，必须扩大国际市场业务，提升其在全球的竞争力。

如何扩大海外市场业务？一般而言，扩大海外市场业务有三种方法：出口、海外新建、海外并购。对于投资主体而言，不同的扩张方式有不同的优缺点（见表 5.2）。

（1）出口扩张模式。这一发展模式的核心是将本土打造成为全球市场的生产中心与出口平台。全球生产中心与出口平台的构建依赖三个条件：一是与国外客户群体有稳固供应关系，不受贸易不确定性的影响，贸易双方有着良好的外贸关系，关税壁垒、非关税壁垒等较低。二是本土的生产制造成本显著低于其他国家，具有很大的生产制造优势，例如劳动力成本、能源成本等较低。同时，在海外兴建新企业的固定成本投入很高，这一条件也会限制

---

① 日本板硝子株式会社是日本一家玻璃制造商，在 2006 年购买了英国皮尔金顿公司。旭硝子株式会社是日本一家玻璃制品公司，为全球第二大玻璃制品公司，1907 年成立。旭硝子公司不仅在亚洲的中国、印度尼西亚、泰国、越南等地均有股份及工厂，而且在欧洲也有子公司。圣戈班公司的总部在法国，1985 年进入中国市场，在中国有 40 多个生产基地和 1 家研发中心。

海外投资。三是出口贸易的运输成本、包装成本等较低，而这又与产品性能等有关。如果是制造标准化的产品，那么适合新建全球出口平台。

（2）海外新建模式。这种国际化运营方式的核心是市场邻近性，特别是当海外市场是战略性市场时，依托该市场建立生产基地是有利可图的。它通过发挥市场规模效应，分担新建工厂的固定成本，并节约大量的运输成本、包装成本等。同时，通过增加海外投资，扩大就业，也能增强投资主体在东道国的"合法性"。邻近性意味着与客户群体更稳定的关系，有利于稳定市场销售。此外，如果东道国的制造成本较低，那么适合在东道国新建企业，甚至可以替代本土的生产基地，或者替代企业原有的出口量。

（3）海外并购模式。这一国际化运营模式的核心是将竞争对手转变为合作对象。这一模式与海外新建企业有相似之处。一方面，它邻近国外客户群体，有利于稳定与客户的市场关系。另一方面，并购特别是同业并购，意味着对竞争对手的替代。不过，如果并购之后的整合成本居高不下，那么并购方式并不是最优的。

表5.2　　　　　　　不同的海外市场拓展方式及优缺点

方式	特点	优点	缺点
出口扩张	生产集中，但与客户距离远	（1）不用投入新的生产设备，可以提升原有设备利用率 （2）在成本较低的国家开展生产运营，节约制造成本	（1）承担运输成本、包装成本、关税成本等贸易成本 （2）与客户群体距离远，服务响应能力差，配套能力有损 （3）容易受到政策不确定性、关联企业的业务波动等影响 （4）无法利用不同国家的生产资源优势
海外新建	与客户、市场邻近，但需承担额外生产成本	（1）邻近客户群体，服务响应快 （2）与客户群体亲近性提升 （3）节约运输成本、包装成本、关税成本等	（1）新基地建设成本可能过高 （2）融资压力、债务压力大 （3）海外生产的人工成本可能较高

方式	特点	优点	缺点
海外并购	与市场邻近，降低竞争强度，并购企业的整合成本较高	(1) 邻近客户群体，服务响应快 (2) 与客户群体亲近性提升 (3) 节约运输成本、包装成本、关税成本等 (4) 提升了并购企业的市场份额，减少了竞争对手 (5) 利用已有生产基地，包括人员、技术和设备	(1) 并购成本可能很高 (2) 整合成本可能很高 (3) 存在估值过高的风险 (4) 海外生产的人工成本高

5.3 福耀玻璃的战略选择

5.3.1 福耀玻璃在美国投资制造基地

2013 年，福耀玻璃决定投资美国市场，在美国建设汽车玻璃生产基地。2014 年，福耀玻璃宣布收购美国俄亥俄州通用汽车公司的一家制造工厂（莫瑞恩工厂），并对该厂进行大规模技术改造，通过引入全新的生产设备建设一个现代化的汽车玻璃制造工厂，投资金额为 2 亿美元，建设年产 300 万套的生产项目，并为通用、克莱斯勒等美国整车客户提供配套服务。工厂于 2015 年投产，为当地创造了 800 多个就业岗位。俄亥俄州的莫瑞恩工厂装备有崭新的库卡机器人（该工厂的生产线拥有 400 个机器人，它的自动化程度高于福耀玻璃在中国的任何一家工厂），通过大规模的工业机器人应用，福耀玻璃提升了产品品质、生产效率，降低了运营成本。

紧接着，福耀玻璃又投资 5600 万美元收购 PPG 公司位于美国伊利诺伊州的芒山浮法玻璃工厂。美国 PPG 公司是世界知名基础工业企业和设备供应商，与福耀玻璃已有十多年合作历史。此次福耀玻璃购买的芒山工厂也曾是美国 PPG 公司旗下最重要的浮法玻璃生产线。福耀玻璃这一次收购所获得的资产包括土地、厂房、两条浮法玻璃生产线设备、厂内铁路线和配套设施等。同样，在收购之后，福耀玻璃也对原有工厂进行了大规模的技术改造，升级了生产线。福耀玻璃还派遣一大批年轻的中国技术人员到美国工厂培训、指导美国工人，将中国的制造经验传授给他们，帮助他们建立起有效的生产运作体系。经过大量改造，福耀玻璃很快在美国建设成两条年产30万吨的汽车级优质浮法玻璃生产线。新建工厂的生产能力和产品质量达到了许多美国汽车厂商的要求，产品订单络绎不绝。

5.3.2 福耀玻璃在美国投资的动因

福耀玻璃在美国投资有多方面考虑：

（1）美国是全球战略性市场。众所周知，美国被誉为"汽车轮子上的国家"，它是全球最大的汽车消费市场。福耀玻璃是一家专业制造汽车玻璃的企业。早在20世纪90年代，福耀玻璃就减少了建筑玻璃的生产，专注于汽车玻璃的研发和制造。专业性既提升了福耀玻璃的竞争优势，也给它的经营带来一定风险。因为它的产品专供汽车厂商，所以与汽车厂商保持紧密的联系是企业生存和发展的根本。美国是全球汽车玻璃的战略性市场，福耀玻璃在美国市场的发展对于其成长为全球顶尖的汽车玻璃制造商至关重要，它必须重视在美国市场的发展。

（2）如何拓展在美国市场的发展？正如前文所述，有三种方式，一是出口扩张模式，二是海外新建模式，三是海外并购模式。其中后两种方式将直接在美国构建福耀玻璃的生产能力。出口扩张模式有很多弊端，福耀玻璃在早期的发展过程中已经深有体会。福耀玻璃的总部在中国，除了服务中国市场，它也要服务美国市场。美国是全球最大的汽车市场，许多汽车厂都在美国设立生产基地。要服务美国这个汽车大市场面临很多挑战。中美之间地理距离不仅意味着运输成本，还有很多交易成本。国家的差异也使得政策变动带来很多经营风险，包括反倾销调查等，对于从事专业配套的企业而言影响很大。福耀玻璃在美国投资正是一种战略考虑，它能够稳固供应链关系、促进企业长远发展。

相反，在美国建设工厂能够增进产业邻近性，与大客户拉近距离，保持市场稳定性。进一步，并购方式又强于新建工厂，因为并购在提升客户忠诚度以及减轻市场竞争压力方面更优越。另外，新建工厂的手续相对复杂，而且要经历严格的环保评估过程。综合考量时间和成本，并购相对于新建工厂更合适。

（3）直接投资美国市场建设工厂，减少了大量中间成本和费用，提升了福耀玻璃配套供应能力。从技术特点而言，福耀玻璃需要稳定供应链关系。浮法玻璃生产技术比较特殊，只要点火开始生产，就没有办法停产。福耀玻璃生产的浮法玻璃是给汽车玻璃配套和供货的，如果汽车厂商的需求不稳或下滑，就会导致浮法玻璃库存增多，再加上浮法玻璃的生产成本比较高，会对企业冲击很大。

在美国投资能够在一定程度上降低贸易政策不确定性对福耀玻璃运营的影响。客户也乐于选择更稳定的供应链关系。从宏观层面而言，福耀玻璃在美国投资有助于其稳定和美国客户的供应链关系。在美国投资能够提升福耀玻璃的影响力，给当地带来就业、税收，甚至技术研发中心也设在美国，美国汽车玻璃的制造技术能够得以延续。这是一种互惠投资，能够稳定福耀玻璃与美国汽车厂商的关系。正如美国俄亥俄州州长约翰·卡西奇在工厂投产仪式上所言，福耀玻璃的代顿工厂开工对于当地的就业和经济意义重大。工厂的运营将改善2000多个家庭的生活，并拉动当地其他制造业的发展。福耀玻璃在当地的工厂已经成为当地制造业的重要一员。与此同时，福耀玻璃的投资也使得集团公司成为美国汽车产业链上的重要一环，它进一步加强了福耀玻璃与美国当地汽车制造企业的合作。2018年，前任中国驻纽约总领事章启月到访福耀玻璃美国公司时表示，福耀玻璃在美国的投资为中美贸易提供了一个"可研究案例"，该案例说明两国只有贸易合作才能互惠互利。

（4）节约了部分制造成本。在美国投资是多种因素的综合考虑，其中制造成本节约也是一个重要因素。首先，在美国开厂有部分成本节约，其能源成本、材料成本等低于中国。另外，福耀玻璃的主要产品是汽车玻璃，但是它是易碎品，运输困难，运输成本、包装成本高昂。如果选择出口扩张模式，汽车玻璃从中国运到美国后，从码头到仓库，拆卸、分包、装运、卸载，每一个环节都有人工费用、运输费用发生。只有销售量足够大，网点多，这些费用才会被分摊。其次，尽管美国工厂的职工工资水平是中国员工的 6 倍，但是随着中国的人工、物流、材料、资金等成本逐年上升，中国制造业曾经的成本优势正不断被削弱。

（5）有效降低竞争压力，提升了福耀玻璃在汽车玻璃市场的领导力。福耀玻璃收购美国 PPG 生产线，不仅有助于福耀玻璃提升在美国汽车玻璃市场的份额，而且能降低竞争压力。福耀玻璃在北美市场不断增长的业务让美国本土企业感到威胁。正如前文所言，早在 2001 年，美国商务部就应 PPG 等三家美国玻璃生产商的要求，对中国 31 家汽车玻璃生产商进行反倾销调查。汽车玻璃行业的竞争非常激烈，中国汽车玻璃制造能力的大幅度提升，给美国同行带来巨大的竞争压力，它们发现自己的市场份额越来越小。竞争对手主要来自中国，其中福耀玻璃是最大的竞争对手。福耀玻璃的生产率已经大大提升，在一些方面超过了美国同行。福耀玻璃占北美 12% 的市场份额。不过，即使 PPG 等公司提请反倾销诉讼，也不能改变它们的竞争力逐渐削弱的事实。2004 年 10 月，反倾销诉讼的仲裁结果是美国商务部对福耀玻璃仅征收 0.13% 的关税，返还 400 万美元税款。在竞争激烈的美国市场，福耀玻璃最终凭借高生产效率赢得了竞争优势，逐渐在国际竞争中占据有利位置。

从另外一个角度而言，福耀玻璃收购美国 PPG 的工厂有利于实现共赢。对于美国 PPG 公司而言，其主业为汽车涂料和建筑墙体涂料。它于 6 年前就已准备重组汽车玻璃业务。此次被福耀玻璃收购的两条浮法玻璃的生产线只占 PPG 整体业务的极小部分。PPG 公司早在 2008 年就决定退出玻璃领域，并且其拥有的一家工厂也处于半开工状态，该厂建于 1958 年。PPG 公司和福耀玻璃的交易是互利互惠的一笔交易。表 5.3 列示出企业不同国际化发展方式的优缺点。

表 5.3   企业不同国际化发展方式的优缺点比较

投资选择	优势	劣势
中国生产	（1）拥有较低的制造成本，且生产效率相对高 （2）人工、物流、材料、资金等成本逐年上升，材料进口成本也较高	（1）远离客户群体，服务响应慢（产品运输有 45 天的周期），供应链关系会变得松散 （2）运输费用、包装费用较高
美国生产	（1）与下游客户能够保持更近的关系，产品供应美国厂商，受到政策因素的影响更小 （2）与客户近，节约运输成本。美国莫瑞恩工厂离美国 75 号洲际公路只有几英里，到密歇根州、田纳西州、亚拉巴马州、佐治亚州的汽车工厂非常方便 （3）能源成本低，中国天然气价格是美国的 3～4 倍，电价是 2～3 倍，玻璃材料比中国便宜	（1）美国的人工费用比中国高，当地职工的工资水平是中国员工的 6 倍 （2）劳工保护法律严格且复杂 （3）环保要求高
其他区域（如越南）生产	劳动成本相对低，转口美国市场的关税水平也较低	距离美国市场较远，基础设施、生产效率低于中国

5.4 福耀玻璃的投资绩效

自 2015 年以来，福耀玻璃在美国的生产基地投产之后，取得了不错的绩效。通过一系列投资，福耀玻璃美国公司成为全球最大的汽车玻璃单体工厂，可提供全美四分之一的汽车玻璃配套（市场占有率达到 25%）。2020 年，福耀玻璃美国公司拥有 4 座制造工厂、2 个增值服务中心和 1 个销售中心。截至 2019 年 8 月，福耀玻璃累计在美投资约 10 亿美元，雇用工人近 3000 人，美国工厂的年产量达到 400 万套汽车玻璃，每四辆美国车当中就有一辆使用福耀玻璃美国公司生产的汽车玻璃。通用、宝马、福特、克莱斯勒等整车客户的订单络绎不绝，并持续保持盈利。福耀玻璃的财务报表数据显示，2019年1—6月，福耀玻璃美国公司营收达19.1亿元人民币，净利润达1.5亿元人民币。2019年，福耀玻璃来自境外的收入高达102.94亿元，同比增长22.6%。在中美经贸摩擦频繁的背景下，这一成绩的取得从一个侧面说明福耀玻璃在美投资的正确性。

不过，福耀玻璃美国公司的运营也遇到一些问题，除了可见的高工资支出，还存在美国工人效率低、产出低的问题。解决这些问题不容易，因为美国工会力量很强大，会对企业管理形成很大的压力。

5.5 案例启示

市场邻近性是企业进行海外投资的区位选择的重要考虑因素之一。它不仅能消除关税成本、降低运输成本，还能积极响应客户，与客户、供应商等保持紧密联系，加强沟通，建立稳固的市场联系。另外，如果企业在多个地区开展业务，还能有效地分散风险，促进企业的稳定经营。在一些特定情境下，融入国际供应链需要承担很高的投入成本，企业需要做好战略规划。

本案例带来以下启示：

第一，贸易保护主义会影响企业的投资布局。早在2001年，福耀玻璃就受到贸易保护主义的影响。竞争对手以产品倾销为由起诉福耀玻璃。这一事件表明战略性市场的经营面临很大的不确定性，各种因素都可能影响企业的海外业务发展。另外，随着经济全球化的发展，各国之间的产业链联系已经达到了很高的水平（例如汽车产业、电子产业）。以某一个知名品牌的汽车企业为例，它的供应链上有100多家供应商，3000多个零部件分布在23个国家和地区制造。产业链的全球化也带来部分企业发展的脆弱性，一旦受到不确定性因素冲击，企业的发展会受到很大的影响。因此，为了平抑风险，与客户保持紧密的合作关系，企业开展基于产业链合作的投资布局非常有必要。

中国很多汽车零部件企业会选择去德国投资，而 IT 产业的企业会选择去美国硅谷投资。这种投资既是技术寻求型投资，也是网络关系投资，通过构建紧密的网络联系应对不确定性因素的影响。企业的选择也导致整个产业链分布呈现显著的地理特征。

福耀玻璃的崛起与中国的生产优势有关，并且低成本是福耀玻璃产品出口的主要竞争力之一。不过，随着全球经济发展的不确定性加大，低成本已经不是最重要的，企业更关注降低跨国运营的风险和提升供应链的韧性。贸易保护主义的上升导致出现"逆全球化"趋势，企业的供应链受到一定影响，取而代之的是供应链的区域化发展。这种供应体系的区域化发展会导致市场的分割，全球市场会出现欧美和亚洲两个相对独立的区域供应体系。对于跨国公司而言，它们需要主动出击，通过投资建立全球市场的联系机制，以分散经营风险。

一切成本优势都建立在不涉及国家安全的前提之下。过去几年，美国已经全面审查和调整了与国防用品有关的供应链，确保从原材料到零部件的生产供应都把控在自己手中。与此同时，美国也加强了对高科技领域的供应体系的审查与管制。因此，从这一角度而言，成本控制排在企业的战略考虑的第二位，而市场与供应链风险成为企业的战略考虑的第一位因素。如果跨国投资能够提升企业供应链的韧性，降低供应风险，那么即使承担一定高额成本，也是合理选择。

第二，通过邻近战略市场和本土化运营的策略提升企业运营的稳定性和韧性。福耀玻璃在美国的投资不仅提升了它与美国汽车厂商的邻近性，降低了供应链风险，也使福耀玻璃在美国的运营更合法合规，促进了福耀玻璃在美国市场的扩张。实际上，不仅福耀玻璃如此，很多企业通过本土化经营提升海外市场的竞争力。例如，新疆金风科技在拓展美国市场时，它的明尼苏达州项目中风电设备机组的大量零部件在美国本土采购，其美国子公司金风美国实施了雇员的本土化。在明尼苏达州金风科技 1050 万美元项目的投资中，约有620万美元投向了美国的人力和制造业。3台风机的核心部件如发电站、控制系统等由金风科技生产，但塔筒、叶片和基础设施等都是交由美国的公司来做。金风美国作为金风科技的美国销售办公室，位于芝加哥，雇佣了包括管理人员、工程师和其他人员在内的约12名美国人。这些本土化措施增进了它与美国客户的市场联系，促进了其竞争力的提升。

对于东道国而言，外国企业选择不同进入方式的影响也不一样（见表5.4）。如果外国企业选择出口方式，尽管东道国可以获得关税收入，但是东道国没有获得跨国投资带来的就业、所得税收入，东道国的同业企业仍需与外国企业竞争。更重要的是竞争结局有很大不确定性，两国企业的竞争强度可能提升，会额外增加双方的竞争成本。如果外国企业选择新建企业或并购企业，那么就业、所得税收入等留在东道国，这对东道国的投资地是很有利的。特别是并购方式，是一个有利于双方的进入模式。

表5.4　　外国投资者的不同进入方式对东道国的影响

国际化运营方法	对东道国影响
出口	可以获得关税收入；本地生产商面临竞争压力，失业率可能上升
海外新建企业	技术和就业留在本地，并有所得税收入，但与本地其他厂商存在竞争；东道国受益更大
海外并购企业	技术和就业留在本地，并有所得税收入，不存在与本地其他厂商的竞争；东道国受益更大

第三，由生产国际化逐步向研发国际化、管理国际化发展，提升福耀玻璃的全球化运营水平。

福耀玻璃尽管很早经营出口贸易，但是它的生产环节一直未实现国际化。它的营销网络面向全球，但生产全部集中在中国。现在通过对美投资，它将生产制造功能转移出中国，提升了国际化运营水平。未来，如果将研发中心、管理中心也设立在欧美等国家，福耀玻璃将发展成真正的全球公司，实现对全球资源的配置利用。

对于福耀玻璃而言，在美国设厂之后，形成了生产环节的多个中心。美国工厂的生产将一定程度替代此前的出口，而国内工厂势必减产。协调美国工厂与国内工厂的关系也很重要。如果协调不力，就会增加成本。相反，如果协调顺畅就可以减少风险，当美国工厂的产能不足时，中国工厂可以提供产品输出支持，实现全球的供应调节。

6　国内外研发双循环
助推企业发展二次转型

——开山集团投资案例

对于很多投资欧美的企业而言，如果投资能够实现企业的技术升级，促使企业从传统制造向技术开发、品牌运营方向转型，那么这一投资就是成功的。但是，如何在实际运营中实现投资促进企业的转型发展呢？企业要实现这一投资目标面临很多挑战：首先，技术类资产并购会受到严格的审查，欧美政府加大了对投资项目中的技术输出控制。其次，被并购的企业对于技术输出也有抵触，在投资谈判过程中，它可能会要求投资方签订"技术隔离协议"之类的文件，保持其技术资产与运营的相对独立性。最后，投资方的资源整合也是很大挑战。有效的资源整合不仅要求企业具备一定的技术吸收能力，还要求组织结构的调整，让技术信息流动畅通，让各方在技术资源的整合方面都有激励。技术知识流动不畅、激励不足是并购低效甚至失败的一个主要原因。

2004年沈阳机床集团并购德国希斯公司遇到这一难题。2012年潍柴动力并购德国林德液压公司也碰到这一难题。当潍柴动力计划将林德液压的技术引入国内，建设中国生产基地时，却受到德方的阻拦，德方认为这一计划会带走高端液压技术，德国企业会逐渐关闭。面对这一难题，投资企业会给予被并购企业更多的独立经营权限，被并购企业作为集团内部的一个独立运营主体，在技术开发、生产和销售等方面都有较大权限，管理人员也基本是当地人员。尽管给予海外子公司更大的权限能够保持经营队伍的稳定性，避免无形资产的流失，但是，这种运营模式也存在很大的问题。一是技术整合很弱。国内企业对技术的掌控很弱，国内企业与国外企业的协同效应未能充分发挥，海外并购的价值会大大削弱。二是当国内制造成本不断上升时，国内企业仍然会面临转型困境。特别是企业为了并购背负很大的债务成本，如果整合效应未能有效释放，那么企业有可能陷入债务危机。

破解这一难题很重要。企业要通过国际化发展做大、做强，就要掌握核心技术，并具备较强的技术开发能力。我国有些企业走出了一条新的发展道路，通过海外融入式研发实现了企业技术开发能力的提升，并促进了企业发展的二次转型。浙江开山集团成功实现了美国技术与中国技术的融合，企业在新能源开发领域已经发展成为国际领先企业。

6.1　企业简介

开山集团起源于 1956 年成立的衢县通用机械厂，1994 年改制成为国有控股公司，1998 年转变为民营控股的开山股份，2001 年成立集团公司。2011 年 8 月，开山集团在深交所上市，2017 年实现销售收入 22 亿元人民币。

开山集团是一家装备制造企业，经过多年的发展，已经拥有了完整的机械制造体系，包括精密机械加工、热处理、高端铸造、精密铸造、锻造、压力容器制造、切削、磨削、表面涂层处理、挤压以及检测设备等，主要生产螺杆膨胀发电站、工艺气体压缩机、工业冰机、商业冷库和螺杆式、涡旋式、离心式等各类高中低压空气压缩机，以及大型一体式钻车、全液压露天钻车和掘进钻车等产品。开山集团的一个主导产品就是螺杆膨胀机，该产品主要是依靠气体体积膨胀获得动力，通过驱动螺杆转子旋转，将热能转换为机械能、电能等的热机。螺杆膨胀机可以实现能源转换，用于工业余热回收、地热发电、生物质发电等领域，也可以直接驱动发电机、风机等设备，是一种新兴机械设备。开山集团的这一主导产品先后入选《节能机电设备（产品）

推荐目录》《国家重点节能低碳技术推广目录》等。

目前开山集团正在向"新能源电站成套设备制造商"和"电力新能源运营商"转型，致力于成为一家全球性的能源供应商。

6.2 开山集团早期发展遇到的困境

早在 2002 年，开山集团就面临产业同质竞争的困境。开山集团的产品结构单一、产品质量处于低端，市场发展主要依靠"低成本，拼价格"。这一发展模式存在很大问题，企业很难从激烈的市场竞争中胜出。和所有成熟市场的竞争规律一样，我国空气压缩机、工程机械行业的竞争态势也逐渐从短缺阶段逐渐转到过剩阶段，并且随着少数企业的技术创新能力提升，它们将脱颖而出，整个市场将演化到以高端产品为主导的垄断性竞争。空气压缩机行业和工程机械行业集中度也将大幅提高，行业将被整合。瑞典阿特拉斯·科普柯集团、爱尔兰英格索兰公司是全球主要的压缩机生产企业，美国寿力公司则是全球主要的螺杆式空气压缩机生产企业。成熟的型线设计技术大部分掌握在阿特拉斯和英格索兰等国际领先企业中，存在一定的技术垄断。另外，螺杆主机的制造属于精密制造，对制造工艺和生产管理水平要求也较高。跨国公司凭借技术优势垄断了全球高端产品市场。

从 2003 年起，开山集团开始注重核心制造能力的提升，通过国内并购和自建等方式成立了十几家公司，涉及众多领域。2004 年，开山集团开始大力发展螺杆空气压缩机替代活塞空气压缩机，特别是开发高性能的螺杆机。开山集团曾寻求与一家美国公司合作，试图引进技术，但是遭到拒绝。因此，开山集团开始自主开发螺杆主机，并先后与西安交通大学合作开发螺杆主机。2006 年 10 月，开山集团制造的第一台螺杆主机下线。不过，此时的螺杆空气压缩机能效还较低，市场竞争力不强。

6.3 开山集团的国际化战略选择

针对新的竞争形势，开山集团确立了新的发展战略，即积极发展自主核心技术。开山集团的优势在于制造，其拥有一体化程度很高的生产体系，产业链非常全，产品制造工艺设计、模具制造、焊接到材料供应一应俱全，同时还拥有自己的铸造车间，能够对大型设备进行加工。但是开山集团不足之处在于新产品的开发能力不足，没有掌握高端产品开发的核心技术。

开山集团的技术创新之路与国际化道路并行。经过多年努力，2009年开山集团在美国西雅图成立开山北美研发中心，邀请数位国际顶尖专家加盟开山集团，确立"北美研发、中国制造"的发展战略。2009年，开山集团聘用了全球压缩机技术领域的顶级专家汤炎博士，他同时出任董事、总经理兼北美研发中心主任。汤炎博士具有丰富的产品开发经验，曾在多个国际著名公司任职。之后，开山集团对全谱系的产品开展了升级换代工作，在空气压缩机领域大量采用以汤炎博士的名字命名的Y型线螺杆主机。另外，北美研发中心还提供离心压缩机、气阀、冷却器等产品的设计，这些都是北美研发中心精心设计的专利产品。北美研发中心的技术能力确保了开山集团有能力将全谱系高、中档系列产品达到节能标准。短短几年的时间里，开山集团研发出了包括超高能效大功率螺杆空气压缩机、冷媒压缩机、低温冷冻压缩机以及螺杆膨胀发电机等全球领先的高科技产品。2011年，开山集团开拓了新的产业领域，即新能源开发，同时在这年确立了向可再生能源运营商转型的战略。引用开山集团董事长的话，"北美研发中心的成立以及汤炎博士的加盟使得开山集团一下子就站在了世界压缩机技术的前沿"。

随着技术开发能力的提升以及新产品的涌现，开山集团获得了极大的竞争优势，其开始将新产品推向国际市场，开始了产品营销端的国际化发展道路。2012年10月，开山集团全资收购澳大利亚SCCA公司，完成了布局海外市场的重要一步。2015年，开山集团为了开拓中南美洲市场，在美国佛罗里达州成立了开山科技公司（Kaishan Technologies of America, LLC.），聘请了多名资深营销专家，购置物业建立仓储中心，为北美洲、拉丁美洲客户提供服务。2016年1月，开山集团与印度尼西亚PT. ENERGI BARU LESTARI公司合资成立 PT. KRED GEO 公司，开发印度尼西亚的新能源市场。2016 年 4 月，开山集团全资收购 OTP 公司，获得印度尼西亚 SMGP240 兆瓦地热项目的特许开发经营权。

2016 年 4 月，开山集团的全资子公司开山压缩机（香港）有限公司收购了奥地利 LMF 公司。同年 5 月，开山集团旗下的全资子公司开山可再生能源发展有限公司（Kaishan Renewable Energy Development Pte Limited，美国 KRED 公司）出资 200 万欧元收购了匈牙利 Turawell 地热公司 51% 的股权，开发东欧市场。

2018 年，开山集团在美国亚拉巴马州鲍德温（Baldwin）县投资设立美国运营公司总部 Kaishan Compressor USA（KCA）和制造基地。2019 年 10 月，开山集团的新工厂竣工投产。该工厂建设投资 1500 万美元，拥有现代化的无油螺杆主机生产线。KCA 成为开山集团又一个重要的研发中心和高端装备制造基地，并将向全球市场提供全无油螺杆空气压缩机和天然气压缩机。2019 年 4 月，开山集团的 KRED 公司还与肯尼亚 Sosian 能源公司开展合作，开发肯尼亚的地热能源，市场进一步拓展到非洲。

6.4 海外融入式研发的特点与作用

开山集团的国际化道路以技术研发国际化为起点，随着企业技术开发能力的增强，随后推进产品国际化。开山集团的成功源于其采用了海外融入式研发发展策略，从而有力地促进了海外技术吸收和公司自主技术研发能力的提升。这一策略使得公司的发展战略从早期的"北美研发，中国制造"，演变到后期的"中美研发，全球制造"。开山集团的海外融入式研发有以下特点：

（1）美国核心技术专家汤炎博士既出任北美研发中心主任，又担任开山股份的总经理，有效地实现了先进技术的传递和指导。这种身兼多职的设计极大地提升了技术专家传递知识、指导开发的激励。除了负责北美研发中心的技术开发任务，汤炎博士还全权负责衢州公司总部的运营，他将大部分时间投入公司总部、上海研发中心，架起了中外技术桥梁，保证了开山集团的同类技术研发处于国际前沿。

（2）汤炎博士出任开山集团技术中心主任、开山通用机械研究院院长，负责中国本土的技术力量的发展。开山通用机械研究院下设十个研究所，分别是压缩空气系统研究所、空气压缩机研究所、制冷压缩机研究所、空调压缩机研究所、空调制冷技术研究所、膨胀机研究所、气体压缩机研究所、离心压缩机研究所、自动控制研究所和压缩机及系统前沿技术研究所。其中，前两个研究所分别是浙江开山压缩机股份有限公司技术中心和上海维尔泰克螺杆机械有限公司技术中心，是省（市）级技术中心。膨胀机研究所和气体压缩机研究所则承担起开山集团最顶尖、最具成长潜力业务的重任。开山通用机械研究院聘用了多位博士、博士后，同时拥有一大批经验丰富的资深高级工程技术人员，并且有数位海外的专家担任合同工程师。在汤炎博士的指导下，这些高端人才构成了开山集团的研发中坚力量。

（3）北美研发逐渐转变为中美协同创新。在早期阶段，由于开山集团在中国的研发能力相对薄弱，技术开发由北美研发中心主导。北美研发中心专家团队领军人物是汤炎博士、尤斯特（Joost）博士。按照汤炎博士的构想，北美研发中心完成产品的模型设计、提供设计参数，上海研发中心进行图纸设计，技术中心开展工艺设计。开山集团建立起北美、中国两个对接的研发团队，甚至可以利用时差的优势，两边连续工作。紧密的合作不仅加快了产品开发速度，而且促进了中美双方的技术融合，特别是提升了中国的技术研发能力。

（4）汤炎博士利用其影响和人脉帮助开山集团集聚优秀的海外人才，包括多位世界级技术专家。早在2010年，汤炎博士就邀请国际著名的美国离心机专家尤斯特先生来开山集团考察访问和讲学授课。另外，开山集团拥有北美、上海、衢州3个研发中心，其后又在奥地利维也纳建立研发中心，集聚了一批世界一流的研发人才，为公司持续保持领先的自主研发能力、核心技术优势提供了保证。

（5）2011 年，结合公司发展转型战略，开山集团大力招揽全球地热发电领域资深专业人员，组建了美国 KRED 公司，汤炎博士出任董事长。KRED公司是全球地热开发平台和运营团队，将世界领先的地热发电技术和地热开发团队拥有的世界一流的地热勘探工程能力、应用能力结合起来，为公司落实转型战略、开发海外地热市场提供了有力保障。在成功经验的基础上，开山集团又引入世界著名的轴流压缩机专家、膨胀发电机系统技术专家 Bruce Philip Biederman 先生出任公司董事（2013 年加盟）。他曾就职于普拉特·惠特尼集团公司（Pratt & Whitney）美国联合技术研究中心、通用电气全球研究中心、North Shore 国际能源工程公司，曾获得"清洁能源引导大奖"。他的加盟使得开山集团又拥有了一位顶级的清洁能源专家。

与很多企业的海外研发发展策略不同，开山集团将海外研发中心及核心技术专家与国内研发中心进行了很好的融合，让引进的技术专家出任国内企业的经营负责人，促进了国内技术能力的提升，实现了海内外的协同创新。很多企业投资海外研发机构时，通常让其独立运营，或者将其作为唯一的研发中心，而国内企业则专注于制造。如果采取后一策略，则面临两个问题：一是技术控制力削弱。当国内运营总部与国外研发机构存在新产品发展差异时，一体化的运营效率将显著降低。海外研发机构由于独立运营，具有较强的谈判能力，这不利于集团实施一致的发展战略。二是失去国内外的互动协同创新效应。国内研发机构由于技术开发能力没有提升，不能形成与海外研发机构的有效互动，不利于后续新产品的开发。开山集团的成功在于它借助海外研发机构的力量培育起国内研发中心的力量，两个研发机构形成有效互动，为持续发展奠定基础。实际上，通过这种融入式研发，国内的技术学习速度非常快，再加上国内的研发成本相对低，一旦国内研发能力提升，就在产品开发方面具有很强的竞争优势。

6.5 开山集团的国际化运营绩效

经过国际化发展，开山集团在两个方面取得了成功：一是核心技术开发能力大大提升，开发出新型产品，进入新的产业领域；二是主导产品成功打入国际市场，成为新能源开发与运营的国际领先企业。

6.5.1 核心技术开发能力获得极大提升

2009 年，开山集团开始升级全谱系的空气压缩机产品，将 110 千瓦以上大功率螺杆空气压缩机的能效从二级提升到一级。同时，开山集团开发的 160 千瓦及以上功率螺杆空气压缩机能做到一级能效，在国际上处于领先地位。从 2014 年开始，公司开发的高端产品二级螺杆压缩机以及新产品螺杆膨胀发电站的销售收入开始上升。目前公司已经形成了以螺杆机械为核心的空气压缩机、螺杆膨胀机、冷媒压缩机、气体压缩机等产品体系，公司的资产规模、人员规模、业务规模迅速扩大。

同时，2011 年，开山集团开始进入新能源产业。开山集团开发的螺杆膨胀发电机是全世界唯一投入商业化运行的有机朗肯循环膨胀发电机，开山集团所掌握的核心技术在全球同业中处于领先地位。2019 年，开山集团开发的印度尼西亚 SMGP 第一期地热电站成功投入商业运营，标志着采用公司拥有完全自主知识产权的地热模块电站大型成套发电设备进行大规模地热开发的可行性获得了充分验证，"一井一站"地热发电技术应用获得成功，它与目前传统地热发电技术和模式相比在适用范围、投资强度、发电效率、建设工期等方面均具有十分显著的优势，其优异的技术性能、长周期稳定的运行已在美国阿拉斯加州、新墨西哥州地热发电工厂多年的运行中得到全球地热能开发行业的高度认可。开山集团"边投资、边建设、边运营、边收益"的地热开发商业模式在印度尼西亚项目中获得成功，拥有自主知识产权的地热模块电站成套发电设备以及新商业模式的确立使得公司大规模开发利用地热能发电成为现实，标志着自 2011 年以来的发展转型取得成功。

6.5.2 新能源业务获得显著增长

在能源节约和新能源开发方面，无论是在我国还是其他新兴市场经济体，甚至在欧美国家，都存在巨大的市场空间。

开山集团自主研发的螺杆膨胀发电以及"一井一站"地热发电技术达到国际领先水平。其海外地热项目在很多国家获得成功，包括印度尼西亚 SMGP 240 兆瓦地热项目和 Sokoria 30 兆瓦地热项目、匈牙利布达佩斯 Turawell 地热发电项目、美国 Wabuska 地热发电项目和 Star Peak 地热项目。2019 年，开山集团的控股公司获得 26 亿元收入。75% 以上的公司收入来自螺杆机销售，螺杆机包括螺杆压缩机和螺杆膨胀机，其中膨胀机销售收入在 2019 年为 2000 万元。2020 年 1 - 3 月，仅 SMGP 公司就实现发电收入 707 万美元。

2019 年 4 月 3 日，开山集团各个子公司的负责人齐聚位于维也纳近郊 Leobersdorfer 小镇的高压往复研发制造基地 LMF 工厂召开开山压缩机业务海外战略研讨会。会议确立了实施从"中国的开山"向"世界的开山"的战略扩张目标。目前，开山集团除了在浙江衢州、上海临港、广东顺德、重庆双桥设立工厂，还在奥地利 Leobersdorfer，美国亚拉巴马州莫比尔（Mobie）拥有和建设了工厂，并在澳大利亚墨尔本、印度孟买设立营运中心，全球布局的框架已经基本形成。开山集团同时将澳大利亚的子公司 SCCA 拓展为海外市场部，帮助开山压缩机公司向海外市场提供符合要求的各种技术文件。

6.6 案例启示

对于投资欧美的企业而言，通过投资实现企业的技术升级面临很多挑战，技术整合是难题。由于技术隔离限制，即使并购控股海外企业，中国企业实现有效的技术整合也很困难。开山集团走出了一条新的发展道路，通过融入式研发实现了企业发展的二次转型。开山集团成功实现了美国技术与中国技术的融合，掌握了核心技术，并发展了创新能力，在新能源开发领域成为国际领先企业。

在 2009 年开山集团建立北美研发中心之前，其核心竞争能力是制造能力和营销能力。开山集团建有一体化的制造车间，并且制造成本相对于外国竞争对手低廉；在营销方面，开山集团构建起覆盖全国的营销网络，数百个经销商将开山集团产品送到全国各地的用户手中。

但是开山集团的薄弱之处是核心技术开发能力不足，因此通过设立海外研发机构建立起联结全球先进技术的桥梁很重要。除此之外，还需要将这些技术成功融入国内的研发中心，形成自主技术开发能力。开山集团具有真正的国际经营视野，它不仅建立了海外研发机构，还将核心技术人员引入国内，并让他们担任重要职务，激励他们投入更多的时间和精力用于国内外技术的融合，并提升核心技术开发能力。

很多企业在海外筹建或并购研发中心时，技术整合是一大难题。如果仅将海外研发中心作为一个独立的研发机构，会形成国内制造与海外研发之间的脱离，并且在产品开发与技术吸收方面也存在一定障碍。要破除这一障碍，就要让海外研发核心技术人员也融入国内发展，激励他们参与公司运营的重要环节，这样既起到沟通作用，也起到国内技术能力培育发展的作用。

7 产业链延伸投资增强企业核心竞争力

——艾派克公司投资案例

对于许多中国企业而言，它们的发展遇到的一个困境就是缺乏市场领导力。企业的发展起步于对中国丰裕的劳动力要素的利用，通过这一要素资源优势，企业参与到由外国跨国公司主导的价值链活动中，从事生产制造环节的运营活动。一些企业通过采购国外先进的技术设备，通过产品代工或出口贸易获得了快速发展，并成长为大企业。一些企业甚至依靠大规模制造发展跻身我国制造业 500 强。

尽管这些企业获得了很大发展，但是它们始终是国际产业链的参与者而不是领导者，其发展也会遇到很大的瓶颈。一是企业发展仍面临很大的风险。尽管企业的经营规模变大了，但是由于不掌握核心技术，企业在产业链中的地位偏低。特别是在经济保护主义和国际经济环境不确定性加大的条件下，其正常运营会受到很大的冲击。例如，企业所需的核心材料和关键装备依靠进口，一旦供应链中断，企业的运营很可能面临困境。因此，企业的发展还需要增强产业链的配套能力，加强关键核心材料和核心装备的开发。二是中国的低成本劳动要素优势并不能持续。随着中国人口红利的消失，依靠大规模制造发展起来的企业面临很大运营压力，它原有的竞争优势会被逐渐削弱。三是企业长期从事低端制造所获得的利润非常微薄。企业往往是全球价值链的被动参与者，由于市场门槛相对较低，它们的角色很容易被取代，企业的经营风险很大。竞争对手容易模仿它的粗放式发展模式，企业会面临很大的竞争压力。

对于很多企业而言，只有转型才能增强竞争优势，获得稳定发展。海外投资为企业的转型发展提供了机遇，它不仅有助于实现业务的市场拓展，也能促使企业获得战略性资产和内部化优势，进而获取市场控制力。有的企业通过嫁接国际优势资源，提升了在整个产业的领导力。例如，2010 年浙江富丽达集团投资 2.53 亿美元成功收购了加拿大纽西尔特种纤维素有限公司。纽西尔公司是加拿大生产特种溶解浆的三大厂商之一，是富丽达集团的上游公司，并购前一直处于亏损状况。富丽达集团所处的下游产业也面临很大的替代竞争压力，纽西尔运营受到资源价格波动的影响，公司在整个产业的市场领导力并不高。富丽达集团并购纽西尔公司之后，即从该公司购买所需特种溶解浆，不到半年时间纽西尔公司即实现扭亏为盈。富丽达集团对上游企业的并购不仅有效降低了国内生产成本，而且通过对上游资源的供给提升了对市场价格的掌控力，进一步增强了市场领导力。还有的企业通过产业链延伸投资实现了从单一制造向研发、品牌运营等多功能服务的转变，大大促进了企业的发展壮大。

7.1 企业简介

珠海艾派克公司成立于 2001 年，曾用名为珠海纳思达电子科技有限公司，2014 年借壳珠海万力达电气股份有限公司在深圳上市，2014 年变更为珠海艾派克科技股份有限公司，2017 年更名为纳思达公司①。

艾派克公司的发展经历了四个阶段：（1）在发展早期，它以经营耗材为主，包括耗材芯片、通用墨盒等。艾派克公司在 2002 年研发出耗材兼容芯片，并通过瑞士认证机构 SGS 授予的 ISO9001 国际品质认证。2002 年 11 月艾派克公司的墨盒月产量突破 150 万只，成为世界最大的通用墨盒制造商之一。

---

① 虽然艾派克公司目前已更名为纳思达公司，但在本书案例中的事件发生时，其名称仍为艾派克公司，因此本书中沿用艾派克公司的名称。

2004 年艾派克公司在珠海市建立起 13 万平方米的工业园，进一步扩大制造规模，其产品通过美国洛杉矶分公司、纽约分公司、旧金山分公司、德国分公司、英国分公司销售到世界各地。

（2）艾派克公司发展的第二个阶段是以成功开发激光耗材为起点。2005 年 3 月，艾派克公司投入 1.3 亿元启动全新的激光耗材开发计划。其后，公司先后开发出具有自主知识产权的激光打印机用硒鼓产品 NT－C0350、可拆显影盒的硒鼓技术，该系列产品能适用于多种激光打印机产品，是兼容性好、通用性广的硒鼓产品。公司逐渐成长为通用打印耗材行业的领军企业。2008 年，艾派克公司与跨国公司达成专利交叉授权，成为国内第一个获得跨国公司的打印机和硒鼓显像技术基础专利的合法使用授权的公司。公司生产的通用和再生硒鼓可以适用于日本佳能公司（CANON）、日本兄弟公司（BROTHER）、日本精工爱普森公司（EPSON）、日本富士施乐公司（XEROX）、美国惠普公司（HP）、美国利盟国际公司（LEXMAK）等的激光打印机产品。

（3）艾派克公司在发展的第三个阶段开发了具有自主知识产权的"奔图"激光打印机。2010 年 12 月，"奔图"打印机上市，它成为中国打印机发展史上的标志性事件。中国告别了激光打印机完全依赖进口的时代，艾派克公司打破了跨国公司对打印机技术领域近 30 年的垄断。2011 年，艾派克公司的生产规模再次扩大，建立起 45 万平方米的工业园。"奔图"激光打印机被列入关键领域国产替代计划产品，并销往全球 30 多个国家和地区。2014 年，艾派克公司借壳上市。

（4）艾派克公司发展的第四个阶段就是全球化运营阶段。2015 年，艾派克公司收购美国芯片公司 SCC。2016 年，艾派克公司成功收购美国利盟国际公司（以下简称利盟国际），后者是 1991 年从 IBM 公司分离出来的，在打印成像解决方案、企业软件、硬件和服务等领域处于国际领先地位。在打印行业，利盟国际占据高端市场，它的市场主要分布在欧美地区。利盟国际在政府部门、银行、大企业、医院等领域的打印市场具有很大优势。2015 年，利盟国际年收入超 36 亿美元，毛利率 49%。通过并购利盟国际，艾派克公司的业务涉及打印行业的全产业链，产品包括高、中、低端打印机，还包括各种耗材供应，实现了全产业覆盖。

7.2　企业的发展优势和面临的挑战

7.2.1　艾派克公司的发展优势

艾派克公司的快速发展与几个方面的优势有关：

（1）国家对信息安全的重视和政策支持。打印机系统会接触到很多信息，甚至关系到国家的信息安全。我国政府很早就意识到信息存储安全的重要性，陆续出台了多项相关政策，要求关键机构信息化建设中使用国产 IT 产品替换国外产品。2012 年，国务院出台《关于大力推进信息化发展和切实保障信息安全的若干意见》。2013 年，工业和信息化部发布《电信和互联网用户个人信息保护规定》。政府对信息存储安全高度重视。为了维护国家信息安全，政府也鼓励使用国产打印设备。

（2）大力发展兼容产品，获取规模经济效应。艾派克公司在创立之初确立了发展兼容产品的目标。兼容产品使得它能同时为多个打印机品牌提供耗材，获取了规模效应，也赢得了更大的市场。艾派克公司采用"矩阵式管理"，在世界各地建立了专业的销售团队，除了负责销售外，他们还要收集第一手市场信息，依据市场中各种类型的打印机提供相应的耗材服务。艾派克公司将技术人员、市场人员、生产人员都安排在研发团队中，就是为了更好地设计出全球近千款不同的激光打印机可使用的耗材产品，缩短产品开发与生产周期。艾派克公司结合中国制造的成本优势和效率，很快获得了大规模制造带来的经济效益，公司业务也快速成长。

（3）与跨国公司相比，艾派克公司具有较低的研发成本和运营成本。成本优势增强了中国打印机耗材的对外竞争力。艾派克公司也通过不断的技术创新和生产制造方面的精益求精带动打印机购买成本、使用成本、服务成本的下降，成功将打印成本降低30%以上，吸引了更多兼容耗材用户。

（4）服务优势。为了建立用户对新品牌的信任感，艾派克公司将"奔图"打印机的保修服务承诺延长到两年，这是同业竞争对手两倍的服务时间。同时，艾派克公司提升了运营效率，加快了交货速度。

7.2.2 艾派克公司发展面临的挑战

在早期发展阶段，艾派克公司主要提供的是打印通用耗材，属于打印设备的非核心部件供应。尽管它能利用中国的制造成本优势和市场优势，但是其发展仍面临几大挑战：

（1）缺乏核心技术。打印机的核心技术基本被日本、美国和韩国的公司所控制，具有很高的进入门槛。而艾派克公司的发展很容易受到这些公司发展的影响。这些公司都提供原装的打印耗材，对于艾派克公司而言构成了很激烈的市场竞争。由于艾派克公司不掌握核心技术，它在整个打印产业中处于从属地位。一方面，艾派克公司属于上游的中间品供货商，它的产品与下游的打印企业提供的产品存在很大关联。这种关联既有好处，也有不利方面。依赖性限制了它经营的灵活性，使其经营活动常常受制于下游企业，企业的利润空间也经常被下游厂商压缩。另一方面，企业面临的同业竞争很激烈，因为部分制造优势很容易被复制，特别是依靠引进设备形成的生产竞争优势。另外，一些国际打印机品牌商自己也生产原装耗材，加剧了市场竞争。在早期发展过程中，艾派克公司的市场运营一直面临很激烈的竞争，经营风险很大。艾派克公司选择的突破路径有两条：一是大规模制造，获取规模经济；二是转型发展，掌握核心技术。

（2）自主品牌拓展难度大。经过多方努力，艾派克公司在激光耗材技术、"奔图"打印机开发方面获得了历史性突破。2006年11月，艾派克公司赛纳科技公司设计出具有自主知识产权的激光打印机用硒鼓产品 NT－C0350，可以用于多个品牌的激光打印机产品。2009 年 10 月，艾派克公司成功研发出有自主核心技术的激光打印机样机，2010 年 12 月该产品正式推向市场。尽管如此，艾派克公司的"奔图"打印机在与日本的爱普生公司、富士公司、佳能公司以及美国的惠普公司、韩国的三星公司等的竞争中仍处于劣势，要打造一个深入人心的品牌不容易。

（3）无法触及打印机的中高端市场。在通用耗材市场，艾派克公司的产品能够销售到国外，但是在打印机市场，艾派克公司还未能触及中高端市场。尽管自主开发的"奔图"产品具有性价比优势，但是在产品技术和质量方面与国际品牌还是有差距。"奔图"打印机在伊朗等发展中经济体广受欢迎，但是很难进入欧美市场。

7.3　艾派克公司的战略选择

面对挑战，艾派克公司选择了产业链延伸投资，在核心技术以及终端产品市场通过延伸投资逐渐建立起竞争优势，并获得市场控制力。

7.3.1　产业链延伸投资的动因

为何企业会开展产业链延伸投资？

一是获取产业链协同优势。一个产品的生产（即整个产业）会被划分为不同的环节，上游环节一般供应生产所需的技术、原材料等，下游环节从事终端产品的制造和营销。在代工和配套生产中，某些企业会依附于产业链的领导企业，后者控制了核心的技术开发和终端产品的营销，而前者主要利用自身的制造优势或劳动成本优势参与到产业链中，从事某一环节的价值创造。在产业链中，从事同一价值环节的企业并非只有一家，还有很多竞争对手。这种产业关联以及竞争结构使得产业链的领导企业控制着整个市场，而参与者的地位相对较低。

为了改变这种被动局面，产业链中的企业往往会进行延伸投资，通过向产业链的两端延伸，它可以整合更多生产环节，从而获得对外的竞争优势。优势的来源有两方面：一是延伸投资获得了更多的资源，包括核心技术的开发，使得企业的价值创造点更多；二是延伸投资能带来不同产业链环节之间的协同效应，通过一体化运营，企业在产品生产所需的资源控制、产品质量控制、终端产品供应、不同层次市场分割以及销售定价等方面都获得了更多的主导权。特别是后者，对于实施产业链延伸投资的企业而言，它能够有效地降低成本，加强内部控制，提升对外的市场竞争力。

二是获取产业链中的关键资源（技术、原材料等），增加价值创造的新节点，提升市场控制力。一个产业中，哪些资源最关键？这取决于这些资源供应的可替代程度，或对它的需求程度。当某一资源仅存在少量供应厂商且对它的需求很大时，这种资源获取的可替代性越弱，它作为产业链的关键资源的程度就越高。反之，如果这类资源的供应厂商很多且需求较小，那么它的关键性程度就越弱。对于关键资源的控制，将影响整个市场的产品价格和竞争地位。现代化工业生产体系建立以后，大规模制造已经不是主要问题，自动化设备的引入，可以在短时间内实现流水线生产。产业链中关键的环节逐渐转变为上游的技术开发环节和原料供应，要形成高效的产业循环体系，就必须确保上游资源的供应也顺畅。但是技术开发却与一般生产制造有很大差异，它的"生产组织方式"不能像流水线生产体系一样。最终，产业链的上游环节往往会成为产业链的关键环节，对应的资源也会成为产业链中的关键资源。

很多企业会通过产业链延伸投资获取对关键资源的掌控。例如，我国纺织行业的山东如意集团进行了很多资源获取类并购，将产业向毛纺、棉纺扩张。还有高端技术行业的英特尔公司，尽管为了降低半导体芯片的制造成本，它将芯片的测试与组装环节设在中国等地，但是它将芯片设计与晶圆制造等环节放在美国，采取一体化的运营方式，就是为了提升对整个产业链的控制。

一体化运营模式虽然会带来更高的组织成本，但是它确保了企业牢牢掌控核心资源优势。

7.3.2 企业进行产业链延伸投资的方式

企业进行产业链延伸的方式通常有两种：一种是自主创新，通过加大自主创新，开发核心技术，替代竞争对手的产品。这种方式的劣势是开发核心技术的阻力很大，投入成本和时间多，风险因素很大。正如激光打印行业，一直以来除了美日韩三国的企业，很少有其他国家的企业进入该行业，一个重要的原因是技术门槛很难突破。艾派克公司也是通过多方努力才突破该技术。另一种是通过并购投资或在外国（该国有丰富的资源）设立分支机构来掌握重要资源，通过整合它们的力量获取行业的竞争优势。在国际投资理论中，对于新兴市场经济体的投资解释有一种理论被称为"优势获取理论"（Luo 和 Tung，2007）①。由于历史原因，新兴市场经济体的产业发展相对缓慢，企业通常起步于本国的制造成本优势或市场优势，在技术开发方面的能力累积不足，缺乏相应的核心技术。为了消除这种劣势，新兴市场经济体的企业会通过国际化（并购或新建）在海外市场获得技术资源。我国秦川集团控股收购联合美国工业公司（UAI 公司），使得企业的技术开发水平有了很大提升，并通过嫁接 UAI 公司的研发、制造、采购、销售渠道，拓展了国际市场。2006 年，秦川集团的主导产品磨齿机 YK7236A 进入福特一级供应商生产线，实现了高端机床产品对美国出口的突破。也有的企业是为了获取一些战略性资产，包括自然资源、品牌、营销渠道等进行并购投资。例如，浙江振石集团收购印度尼西亚红土镍矿，实现了海外矿产资源的回运，与振石集团的不锈钢产业链深度整合，使振石集团掌握不锈钢市场的主动权。

---

① Luo Y., Tung R. International expansion of emerging market enterprises: A springboard perspective [J]. Journal of International Business Studies, 2007, 38（4）: 481 – 498.

7.3.3　三次产业链延伸投资

艾派克公司的快速成长与三次产业链延伸投资紧密相关。前两次产业链延伸投资是自主创新，第三次产业链延伸投资是海外并购。

艾派克公司第一次产业链延伸投资是通过开发激光耗材延伸至产业上游。激光耗材产业的利润率较高，一般在40%～50%。经过多年努力，通用激光耗材的成功开发使艾派克公司占据了全球通用耗材市场大块的市场份额，居世界通用激光耗材首位。艾派克公司的产品收入也快速增长。

艾派克公司的第二次产业链延伸投资是开发自主核心技术的激光打印机——"奔图"。从2006年正式提出进入打印机领域的方案，到2010年推出第一款"奔图"打印机，艾派克公司只用了4年的时间。开发激光打印机的技术难度大，从集成电路设计到精细化工的化学合成技术，存在大量技术难题。利用组织的协同优势和互助，艾派克公司以200多项自有专利、2万多项专利授权构建起行业内最大的专利技术平台，突破了专利壁垒。同时，艾派克公司还在中国、日本、美国设立研发中心同步突进技术。最终，艾派克公司将"奔图"打印机的开发周期大大缩短，其新产品的推出速度也比行业内所有企业平均快半年左右。"奔图"打印机推出以后，被列入关键领域的国产替代计划产品，并销往30多个国家和地区，获得了很大成功。

第三次并购投资，则改变了打印行业的格局。虽然艾派克公司成功开发了"奔图"激光打印机，在技术上获得了历史性突破，但是它与国际知名品牌的打印机相比，还存在多方面的差距。2016年11月，艾派克公司正式收购国际著名打印机及软件公司利盟国际，交易金额39亿美元，这是打印行业最大规模的跨国并购。并购利盟国际进一步实现了艾派克公司打印产业链的优化。利盟国际的生产及原材料采购向成本更低的中国转移，而利盟品牌也可以引入中国市场，通过"利盟＋奔图"的双品牌市场策略，艾派克公司的产品覆盖了高中低三档市场。公司的主营业务从集成电路芯片、通用打印耗材和再生打印耗材的研发、生产和销售，扩展到打印机整机、原装耗材以及打印管理服务等领域，完成了自零部件到打印机设备及管理服务的全产业链布局，成为集打印复印整机设备、打印耗材以及各种打印配件及打印管理服务于一体的打印综合解决方案提供商。

7.4　艾派克公司的投资绩效

经过多年的转型发展，艾派克公司成长为打印行业的国际知名企业。首先，其业务范围覆盖全产业链，从研发、生产、销售到系统解决方案，艾派克公司将其业务整体向上游推进了一大步，进而分享来自该全产业链的利润。

其次，它实现了双市场、双品牌、产业上下游的有效结合，获得了产业协同发展效应。通过并购利盟国际，获得在欧美市场的销售渠道，艾派克公司的产品渗入欧美市场，同时也将利盟品牌引入中国，进一步提升了公司在中国市场的竞争力。双品牌的系列产品覆盖高中低端市场，服务政府、银行、企业、个人等众多客户群体，全面覆盖客户需求，大大提升了艾派克公司的市场渗透率。另外，在产业链融合方面，艾派克公司成功将利盟国际在打印机研发、销售渠道方面的优势与自身在耗材开发与打印机制造方面的优势结合，有效地降低了产业链各个环节的成本，形成了上下游产业链的互惠关系。在整合完成后，双方在供应链上的议价能力也大大提升，规模化的生产以及公司在耗材部件上的技术积累，有效地降低了生产成本。

并购也促进了艾派克公司的供应链协同。为了有效降低利盟国际的制造成本，公司在 2019 年将利盟国际 16 个产品系列的耗材共计 28 条生产线转移至珠海基地生产，生产成本有效节降。在打印机硬件方面，珠海基地也完成了利盟国际新款中低端彩色打印机产品生产线的建立，并于 2019 年实现量产。

7.5　案例启示

产业链延伸投资有两大优势：一是获得产业发展的协同效应。产业链上下游的一体化运作会带来成本节约、市场分享、技术互补等优势，也会提升企业在整个产业中的议价能力和市场控制力，给予企业运营更大的灵活性（包括产量、定价、采购等），降低运营风险，提升利润率。二是获取关键性资源，包括原料、核心技术等，使企业运营摆脱被动局面。

实现产业链延伸投资有两种方式，一是自主创新，二是海外并购投资。就艾派克公司而言，两种方式它都予以采用。艾派克公司采用了一种渐进的产业链延伸方式，先依靠自主力量进入相对容易的环节，例如首先进入通用激光耗材环节，然后通过这一环节获取的利润，转入投资技术难度更大的激光打印机开发环节，借助自身努力和专利授权，成功开发了"奔图"激光打印机，在国内打印机市场占据了一席之地。当进一步向中高端打印机产品市场发展时，艾派克公司遇到了更大困难，由于新生的"奔图"品牌的知名度低且定位是低端产品市场，要持续推动它向高端市场发展并不适宜。艾派克公司最终采用了海外并购的方式实现向中高端市场的发展。它成功将产业链延伸与海外投资结合，通过并购利盟国际实现了双重目标，既深入欧美市场，又渗透到中高端产品市场。同时，艾派克公司还将海外的研发力量与国内的制造力量结合，进一步提升了协同效应。

艾派克公司的发展给其他企业带来启示，与此同时，也产生一些问题：

（1）在专业化发展与产业延伸投资方面作出选择。对于一部分企业而言，它可能在产业链的某一环节或细分领域具备一定的竞争优势和市场势力，但是可能未在这个环节和细分领域占有绝对优势。艾派克公司占据了通用激光耗材产品的世界市场的一定份额，它意识到这个领域的持续发展空间有限，才提出进行产业链延伸投资。与艾派克公司不同，很多企业并未实现在细分领域的完全统治，此时，企业是继续进行细分领域的专业化投资，还是进行产业链的延伸投资渗透到其他领域？这是一个发展方向的权衡问题。细分领域的专业化投资能够进一步提升企业在该领域的控制力，发展也相对稳定。最重要的是专业化投资能够为企业将来的转型发展提供资源，通过细分领域的持续性发展，企业能够获得资金的积累保证，为后续的转型突破与嬗变积蓄力量。而产业链的延伸投资能促进企业的跨越式发展，不过经营风险也相对大，巨额的投资甚至会拖累原有的主业运营。

（2）全产业链运营带来整合问题。通过延伸投资，企业的边界扩大，尽管企业对产业链各个环节的控制力强了，但是企业边界过大也会导致投资成本高过各个产业链环节的投资以及内部的交易成本提升，这同样可能拖垮企业。另外，国外打印市场的发展陷入瓶颈，要实现利盟国际打印业务收入的持续增长有很多挑战。

（3）产业链延伸投资可能带来巨大的债务压力。艾派克公司的海外并购堪称"蛇吞象"，投资总金额近 300 亿元人民币。艾派克公司通过债务融资获得了资金，但是巨额债务要求艾派克公司在短期内大幅改善业绩，以应对潜在的新债务。

8 海外优势资源整合撬动企业发展蜕变

——卧龙集团投资案例

对于新兴市场经济体的一些企业而言，随着在国内市场地位的提升，它们希望将业务拓展到海外市场。但是与发达国家的跨国公司不同，它们往往缺乏一定的核心技术和市场拓展资源。尽管它们在国内经营获得了成功，但是作为成长时间不长的企业，它在所有权优势和资源整合能力方面表现不足。另外，国际市场有更高的要求，包括产品质量、管理和销售渠道等。新兴市场经济体企业要进入国际市场必须拥有特定的优势，尤其是在技术密集型行业，技术水平、产品质量和可信赖的品牌是市场运营的成功保证，制造成本优势并不能确保在发达经济体的市场立足。

因此，新兴市场经济体企业的国际化道路有些不同点。它并不是已有优势在其他市场的拓展应用，更多的是企业的新优势获取与国际业务开展同步进行，即企业的成长与国际化同步进行。那么如何获取企业的新优势呢？在技术优势发展方面，有的企业会选择自主创新；在品牌拓展方面，有的企业会选择在海外兴建营销网络，推广自有品牌。但是这些路径往往不容易实现，且需要大量的时间投入。核心技术的研发需要企业长期的技术资本累积，包括知识储备、人才储备，而对于依靠制造发展起来的企业而言，它们的优势集中在制造中的成本控制方面，技术研发力量相对薄弱。并且，一些核心技术专利已经被发达国家的企业所掌控，技术封锁情况很严重。推动新品牌也是困难重重，外国市场的销售渠道建设要克服很多障碍，品牌的知名度低，很难在一个经历百年的成熟市场中竞争。

跨国并购为新兴市场经济体企业的转型发展提供了机遇。企业通过跨国并购获取了转型发展所需的关键资源（专有技术、研发、人力资本、品牌、分销渠道及自然资源等），并通过有效整合实现了国外优势资源与本国优势资源的协同利用，在更大范围内实现了资源的合理配置，极大地提升了企业的竞争力。本章以浙江卧龙集团为例，分析它是如何通过一系列跨国并购实现跨越式发展的。

8.1　企业简介

卧龙集团创建于 1984 年，由一家从事电机产品（多速电机）制造的小作坊发展而来。卧龙集团的发展大致可以划分为三个阶段。

第一阶段是 1985 年到 2002 年。1985 年，卧龙集团生产出第一个产品，即 JW 系列电机，并于 1986 年获得卧龙牌电机商标注册。经过十多年的发展，卧龙集团发展成为一个产值超亿元、雇佣上千人的大型企业。在早期经营中，卧龙集团还涉足化学制品、对外贸易和房地产开发。为了提升技术水平，卧龙集团很早就与浙江大学、广州电器科研所等多个单位合作，组建科技与生产联合体。大学与研究机构开发出来的新产品、新工艺和新设备，卧龙集团投资开展试制。正是借助这种外部科技力量，卧龙集团开发出几十个系列、上千个规格的产品，产品质量和性能达到德国西门子公司的技术指标，填补了国内空白，也给集团带来巨大收益。卧龙集团的风机电机产品占据国内相当市场份额，并出口到 10 多个国家和地区。1999 年，卧龙集团与意大利欧力公司合资开设绍兴欧力卧龙振动机械有限公司。2004 年，卧龙集团又与日本松下电器合资组建浙江卧龙家用电机有限公司。

卧龙集团在这一时期的发展很好地利用了国内科技资源和制造成本优势。通过借助浙江大学、广州电器科研所、西北工业大学、中电设计研究院等的技术力量，企业的产品质量达到全国领先水平。同时，集团发挥制造优势，在扩大生产规模的同时，也注重提升员工素质，实现了规模效益。

2002 年至 2011 年，卧龙集团的发展进入第二阶段。虽然销售额不到 3 亿元，但卧龙集团在 2002 年成功上市为企业向纵深发展带来了机遇。2002 年，集团确立了企业并购发展战略。从 2002 年开始，卧龙集团成功收购绍兴灯塔蓄电池、湖北电机总厂、银川变压器厂、北京变压器厂、烟台东源变压器厂、浙江蓄电池集团等。2009 年 4 月，卧龙集团并购控股北京华泰变压器有限公司，重组成立北京卧龙华泰变压器有限公司。通过并购，卧龙集团初步形成了电机与控制系统、输变电和电源电池三大产业主体，从最初的参与简单工业机械配套，很快发展到参与国家重大基础设施项目建设，并且迅速与近 40 家世界 500 强企业和国内知名企业建立业务联系，成为它们的主要供应商。卧龙集团的销售额快速增长到 2011 年的近 130 亿元，集团利润从 2002 年的 3000 万元左右增加到 2011 年的近 10 亿元，总资产也从 2002 年的 3 亿元增加到 2011 年的 150 亿元。不到十年的时间里，卧龙集团不论是产业规模还是盈利水平均增长了几十倍，企业的实力大大提高，也为后续阶段的跨国运营奠定了坚实基础。

卧龙集团发展的第三阶段从 2011 年 10 月并购欧洲三大电机制造商之一的奥地利 ATB 电机集团开始，进入全球化运营阶段。以并购 ATB 为契机，卧龙集团又先后并购了意大利 SIR 机器人应用公司、意大利 OLI 公司和美国通用电气（GE）公司的小型工业电机业务。卧龙集团先后在美国休斯敦、德国杜塞尔多夫、荷兰埃因霍温、日本京都成立四大技术研究院，在上海成立卧龙全球中央研究院，消化吸收全球的技术。

除此之外，卧龙集团还在 2013 年收购美的旗下江苏清江电机制造有限公司，变更设立卧龙电气淮安清江电机有限公司；2014 年收购章丘海尔电机有限公司；2015 年收购兼并南阳防爆集团股份有限公司，并购希尔机器人以及欧力振动；2016 年并购荣信传动。

通过一系列的并购整合和改造提升，卧龙集团实现了对外并购和内生性创新增长的双驱动发展。目前，卧龙集团拥有境内外上市公司 3 家、控股子公司 57 家，员工 1.8 万人。2019 年，总资产 300 亿元，年销售额 365 亿元。卧龙集团的生产基地分布在中国上虞、绍兴、杭州、上海、北京、银川、武汉、烟台、芜湖、淮安、衢州、章丘和奥地利、英国、德国、塞尔维亚、波兰、罗马尼亚、意大利、墨西哥、越南。在欧洲，卧龙集团拥有 13 家工厂、4000 多名员工。卧龙集团在欧洲的市场份额全球排名第一，在中国的市场份额排名第一，而在北美与印度市场的排名比较落后。在 2016 年的全球电机业务市场，ABB 占有 10% 的市场份额，西门子占有 10% 的市场份额、卧龙集团占有 8% 的市场份额、GE 公司占有 3% 的市场份额。到了 2018 年，整个市场格局发生了变化，西门子在 2017 年关闭、出售了 2 个工厂，而卧龙集团收购了 GE 公司的中低压电机业务，因此，在 2018 年的全球排名中，卧龙集团的排名升至全球第二，与 ABB 公司的市场份额相差仅 0.5 个百分点。

8.2 企业的优势获取发展理论

8.2.1 企业开展国际化运营面临的困境

8.2.1.1 内源动力不足以支撑海外运营

很多企业开展国际化运营的一个路径就是依靠内源动力逐步拓展市场，例如依靠在国内运营积累的资金建设海外营销网络，派遣国内人员去开拓市场，也有些企业会雇佣一些东道国的人才。但是，这种依靠内源动力开展国际业务的方式会遇到很大的问题。一是内源动力不足。当企业已经在国内市场脱颖而出时，它已经获得了一定的规模经济，国内市场继续扩展的边际效益在递减，成本却在递增。也有的企业依靠自主创新实现企业的产品升级，提升竞争力，但是创新也有很高的要求和投入。二是国际间差异很大。企业在国内运营积累的技术、管理经验和人才不一定适用于国外市场，特别是成熟的发达市场，产品质量、管理水平可能都要强于国内。内源动力在国外市场没有竞争优势。这些劣势都会限制内源动力支持国际扩张。

仅依靠内源动力获取发展还会忽视外部机会，包括人力资本、技术、生产资源、市场网络等，这些恰恰是企业成功运营的关键要素。有的企业会通过在海外开设分支机构来实现对外部机会和资源的利用，尽管这种方式在一定程度上利用了外部资源，但是将这些资源有效地整合起来却是极大的挑战。组织成本和交易成本可能很大，而组织效率的提升也需要一个漫长的过程。

8.2.1.2 技术门槛很高

对于某些技术密集型行业而言，进入门槛很高，产品设计、制造工艺、原材料质量都会形成很大的技术进入门槛。企业进入国外市场并非简单设立一个工厂。国外市场与国内市场存在一定差异。一是产品的质量和技术差异。在发达国家的市场，产品质量要求更高，特别是一些高端产品的综合技术要求很高。二是运营网络的差异。在国外市场开展运营也需要一个网络，包括技术资源网络、人力资源网络、市场渠道网络以及各种中间服务网络和原材料、零部件供应网络。企业需要投入大量时间和资源以获得这些网络。本章分析的卧龙集团，它的产品为电机产品及驱动控制，尽管产品应用领域广泛，但是不同的领域对产品的技术要求不一样，这种差异就形成了进入门槛。

8.2.1.3 品牌切入困难

中国企业的产品进入欧洲、美国等高端市场面临很大困难。一是品牌在海外市场的知名度不高；二是品牌在海外市场的信誉度不高；三是品牌在海外市场的忠诚度不高。知名度与产品在某一市场的应用广泛程度有关，例如是否进入大采购商的销售体系，如大型商超和企业的合格供应商名单等；信誉度、忠诚度与产品的质量、售后服务等有关。

在一个高端市场，新品牌进入并不容易。不仅需要时间和成本投入，还需要依靠品牌背后的技术、产品质量、运营能力。在很多欧美顾客的眼中，中国产品意味着大规模制造，产品质量和技术水平并不高。要改变他们的消

费习惯，使其接纳新品牌需要付出很大努力。考虑到这些困难，有的企业会
在海外注册新的品牌，通过国内贴牌制造进入外国市场。还有的企业通过自
建海外营销网点推广品牌。这些方式收效甚微，且少有成功案例。山东亚光
家纺公司（以下简称亚光公司）是一家中高档毛巾制造企业。为了打开欧美
市场，2004 年亚光公司将总部搬到美国第五大道注册了 Loftes 公司，并通过
收购和新设立等方式在美国注册了 Hometex、Loftex、Adore 等品牌。在创造了
自有品牌后，亚光公司从一家为沃尔玛等供应商品的 OEM 企业转型发展成为
拥有自主品牌的企业，运营利润提升了很多。类似亚光公司的案例并不多见。
对于一些技术密集型产品而言，总部迁移和注册新品牌并不能有效地解决市
场进入的难题，还需要企业的很多投入和能力提升。

8.2.2　优势更替进入国际市场

对于发达经济体的很多企业而言，它们在开展国际化运营之时，已经确
立了竞争优势，包括技术、品牌、人力等，这些资源构成它们的所有权优势。
当它们将产品拓展到海外市场时，实际上是将所有权优势实现更大范围的利
用。由于品牌的知名度和美誉度已经树立起来，产品的质量和技术水平又具
有竞争力，这些企业进入发展中国家市场的难度相对较弱。

但是，对于来自新兴市场经济体的企业而言，它们开展国际化运营面
临更多挑战，其解决办法就是实现竞争优势的更替。而实现优势更替的途
径就是对全球资源进行整合利用，形成自身的竞争优势。特别是对于身处
技术密集型行业的企业而言，全球的技术资源与市场资源整合更为重要。
有的企业开展国际化运营是通过出口，这一模式仅是利用了外国的市场资
源。有的企业开展国际化运营是将生产制造转移出去，例如到东南亚等劳
动力成本低廉的市场创办企业，这类企业主要利用劳动资源降低了成本，
保持了制造优势。但是这类国际化运营不适用于以产品质量和技术为核心
竞争力的行业。

更高水平的资源利用就是寻找国际上同一行业的企业作为并购对象，通过整合优势资源，实现新的发展。这种方式能将海外技术、品牌与中国先进的制造能力整合在一起，开拓全球市场。对全球优势资源的整合利用可以带来几个方面的好处：一是在海外市场获取互补性资源，弥补自身的不足。例如，海外先进的技术、人才、品牌和销售渠道等，这些是重要的战略性资产，是成功开展海外运营的关键要素。二是能够将海外获得的资源和能力应用于中国市场，获得在本土市场的竞争优势。三是将海外资源与本土特色相结合，形成协同效应。例如，"北美或欧洲的技术＋中国的制造"等，在产业链的各个环节获得竞争优势。

8.2.3　优势资源整合提升竞争力

跨国并购能够为企业带来优势资源，但是需要整合利用，才能提升竞争力。资源整合包括多方面，第一个方面就是需要稳定并购对象的运营，通过补充资源让它恢复和保持稳定运营，让它的价值得以重新体现和提升。而做到这一步则需要有一个稳定的管理团队和人才队伍，要解决运营资金不足问题，还需要加大创新和生产设施升级力度，充分利用已有的优势资源。由于国际化运营人才的不足，投资者一般会保留原有的管理团队，尽量挽留技术人才，确保核心资产保留在被并购企业中。除了解决资金不足问题，投资者还会对被并购企业进行重大改革，消除运营的弊端，降低运营成本，提升效益。

第二个方面则是实现并购对象与投资者的协同效应，包括市场协同、制造协同和品牌协同。通过合资、再投资以及生产转移、技术共享等方式使优势资源得到充分利用，提升对外的竞争力。例如，一些企业会通过"北美研发或欧洲研发＋中国制造"的方式，将互补优势利用起来。还有的企业会将被并购企业的品牌引入中国市场，利用国内的销售渠道推广并购品牌，同时将国内品牌借助被并购对象的销售渠道进行海外推广，实现市场全球化、品牌全球化、技术全球化，达到全球资源充分利用的目标。

在优势资源整合过程中也会遇到一些问题，包括国际化经营知识缺乏、技术消化吸收困难、文化差异、信息沟通困难等问题。解决这些问题需要不断提升企业的国际化运营能力，包括海外市场信息渠道、销售渠道的控制能力和其他方面组织能力的提升。

8.3 卧龙集团的战略选择

2011 年以后，卧龙集团确立了对外并购和内生性创新增长的双轮驱动战略，通过对全球资源的整合利用来构建竞争优势。

8.3.1 对外并购实现全球资源获取

8.3.1.1 并购欧洲 ATB 集团

2011 年，卧龙集团收购奥地利 ATB 集团。在被收购前，ATB 集团是 A-TEC Industries AG 的子公司。2008 年，由于国际金融危机的影响，母公司出现资金链断裂，2010 年 10 月进入破产重组程序。通过多轮谈判，卧龙集团最终完成了对 ATB 集团的收购。

ATB 集团是欧洲第三大电机生产企业，与 ABB 公司、西门子公司齐名。ATB 集团拥有超过 120 年电机驱动技术的经验，拥有 10 家大型制造工厂、3700 多名员工，厂房面积超 10 万平方米，分别分布于奥地利、德国、英国、波兰、塞尔维亚五个国家，销售网络分布欧洲、亚洲、美洲和大洋洲。其产品广泛应用于泵业、机械驱动、压缩机、工程机械、石油、化工、矿山、船舶制造、污水处理、核电等行业。ATB 集团拥有成熟的品牌、完备的市场网络与稳定的客户群，并购使得卧龙集团深入欧洲市场，进入成熟市场，并与 ABB 公司、西门子公司展开竞争。

ATB 集团拥有领先的技术水平（专利、品牌）和一流的技术研发团队。ATB 集团开发的高端电机产品可以丰富卧龙集团的电机产品线，显著增强技术水平，提升行业话语权。并购 ATB 集团的产品使得卧龙集团的产品参与重大基础设施项目建设，并与数十家世界 500 强企业和国内知名企业建立起业务联系，成为它们的主要供应商。

8.3.1.2　收购意大利 SIR 公司

2014 年 12 月，卧龙集团以 1780 万欧元收购了意大利工业机器人 SIR 公司 89% 的股份。SIR 公司专注电机驱动控制，开发机电系统集成。此次收购使卧龙集团在驱动控制领域获得进步，提升了市场竞争力。并购完成后，双方合资成立了卧龙希尔机器人有限公司，它将 SIR 公司技术引到国内，创建了智慧工厂。

8.3.1.3　并购并控股意大利的 OLI 公司

2015 年 12 月，卧龙集团收购意大利 OLI 公司（OLI S. p. A.）80% 的股份，交易金额为 5711.42 万欧元。OLI 公司是一家拥有 54 年发展历史的振动电机制造公司，它拥有一流的振动电机制造技术、现代化的工艺装备、先进的管理水平和全球化的销售网络。截至 2015 年 8 月，OLI 公司的总资产为 4658 万欧元、净资产为 3367 万欧元。卧龙集团收购控股 OLI 公司为拓展全球营销网络、提升电机制造水平提供有力支持。

8.3.1.4　并购美国 GE 公司的中低压电机业务

2018 年，卧龙集团以 1.6 亿美元的价格完成了第四起海外并购，获得美国通用电器（GE）公司的中低压电机业务。卧龙集团收购的资产包括 GE 公司的墨西哥工厂、通用电气电机服务股份公司，同时获得 10 年 GE 商标使用权。卧龙集团对 GE 公司的收购主要涉及 1750 马力以下的低压和中压电机的设计、开发、制造、销售等业务。GE 公司在卧式电机、立式电机、特种电机等产品制造方面拥有先进的技术和管理水平、现代化的工艺装备和健全的北美销售网络。

在此基础上，卧龙集团成了新的营销总部，可将公司产品以 GE 品牌销售至美洲市场，全方位打开了国际市场。

8.3.1.5 在越南兴建工厂

随着中国劳动力等资源价格的提升，同时也为了规避贸易政策不确定性导致的风险，卧龙集团将制造环节转移到其他更具优势的国家。2018 年 6 月，卧龙集团在越南海防深越工业园的工厂顺利投产。卧龙集团的越南工厂总投资 3000 万美元，主要产品为高端家用空调电机、洗衣机电机、厨电及园林工具电机等，产能规模将达每年 1000 万台，可以服务全球的市场。

8.3.1.6 与采埃孚公司设立合资公司

2020 年 3 月 10 日，卧龙集团与采埃孚股份公司（ZF Friedrichshafen AG）合资设立卧龙采埃孚汽车电机有限公司，其开发的产品包括应用于电动车、插电式混合动力车和微混合动力车的汽车牵引电机。采埃孚公司是全球最大的汽车零部件供应商之一，在 40 个国家拥有约 230 个生产基地，2018 年末总资产为 270.32 亿欧元，营业收入和净利润分别为 369.29 亿欧元和 9.65 亿欧元，客户主要有奔驰、宝马、大众、奥迪等。合资公司的总部设立在上虞，并在塞尔维亚设立分工厂。合资公司将为全球一流零部件供应商和汽车制造商提供电机及零部件。卧龙集团与采埃孚公司的合作将使得它进入海外主流汽车供应链体系，合资公司的新能源汽车电机业务有望实现快速突破，成为未来的核心增长点。

8.3.2 资源整合实现企业升级

为了更好地利用并购后的全球资源，卧龙集团进行了多次资源整合，实现国内企业之间的协同和国内企业与国外企业之间的协同。例如，卧龙集团为了实现南阳防爆与 ATB 集团协同，进行了多次资源对接和整合。南阳防爆的优势在于国内渠道和中低端防爆电机技术，ATB 集团的优势在于国际渠道和中高端防爆电机技术。为了实现两者在技术与市场上的完美结合，卧龙集团借助国内渠道优势帮助 ATB 集团在国内拓展中高端电机本体和项目电机，同时借助 ATB 集团的国际渠道优势销售南阳防爆的产品。两个公司的高层与销售团队进行了多次内部交流，制定协同策略。不同环节、不同资源的协同促进了卧龙集团的跨越式发展。

8.3.2.1 实现技术研发协同

跨国并购之后，为了实现全球技术资源的配置利用，卧龙集团采取了多项技术吸收、融合与升级措施。它在美国休斯敦、德国杜塞尔多夫、荷兰埃因霍温、日本京都成立了四大技术研究院，在上海成立卧龙全球中央研究院，吸引来自 GE、ABB、西门子等跨国巨头的顶尖技术人才。卧龙集团通过研发中心的全球布局实现对全球技术资源的配置利用，加速企业的技术创新发展。

8.3.2.2 实现制造协同

在跨国并购之后，卧龙集团为了提升运营效率，增强市场控制力，采取了"五大统一"措施，即销售统一、采购统一、工厂运营统一、设计图纸统一和全球 IT 统一，实现对全球工厂的管控。

为了降低制造成本，卧龙集团还将中国的制造成本优势和欧洲的市场网络及技术优势有机结合，部分 ATB 集团的产品在欧洲完成设计，并由卧龙集团的中国基地生产，再销往欧洲市场。在整合全球材料采购方面，ATB 集团产品的十几个零部件都在中国采购，并通过德国方面的认证审核。从中国工厂采购零部件，不仅大大降低采购成本，还产生巨大的协同效应。卧龙集团将意大利工业机器人 SIR 公司引入上虞生产车间，通过工厂数字化改造，加快传统制造业向智能制造业转型升级。卧龙集团还在越南海防自建了一家电机工厂，一方面降低制造成本，另一方面拓展东南亚市场。制造协同有效地降低了成本，提升了利润空间。

8.3.2.3 实现市场协同

并购之后，在欧洲市场，卧龙集团获得 ATB 集团的 8 个工业机电品牌，它在亚太地区、欧洲拥有强大的营销网络和稳定的客户群，并购使卧龙集团在欧洲市场获得了与 ABB、西门子齐名的品牌影响力。同时，卧龙集团还打通了欧洲市场和中国市场的信息网络，就近与欧洲的客户进行交流，让 ATB

集团销售卧龙集团的产品，扩大了卧龙集团在欧洲的市场份额。为了适应欧洲市场，卧龙集团还专门创立了新的品牌"Ecodrive"，与ATB集团的本土产品加以区分。

在亚洲市场，卧龙集团本部拥有强大的营销网络，也能实现与其他国际品牌的竞争。同时，卧龙集团将ATB集团的品牌引入中国市场，在高端产品市场与其他品牌展开竞争。为此，卧龙集团在上海成立了ATB中国办事处，利用卧龙集团在中国的销售队伍来销售推广ATB集团的产品。在高端产品领域，例如1.5兆瓦以上大型采煤机领域，我国的技术能力还不能达到要求，卧龙集团在武汉的工厂与ATB集团成立合资公司，引进ATB集团的高端技术，获得了市场。卧龙集团为ATB集团提供零部件，同时，在高标准和严要求之下，卧龙集团也慢慢提高了自身的制造工艺水平。为了促进融合，卧龙集团还专门为ATB集团组建了一个工厂，ATB集团的技术团队会定期来工厂，将原版的图纸和工艺交给卧龙集团。通过交融学习，卧龙集团的产品和欧洲工厂的产品质量达到了完全相同。并购ATB集团还使得卧龙集团的产品进入现代工业、矿山、能源、交通、物流等国家重点工程项目，也进入大型央企和知名企业的采购名单，有力地提升了市场份额。

在美洲市场，卧龙集团通过并购GE公司的中低压电机业务，并使用GE商标十年，将自主品牌打入美洲市场。十年的间隔期也让卧龙集团有足够的时间准备，提升实力，冲击国际领先地位。

8.3.2.4 实现管理协同

尽管卧龙集团的工厂遍布全球，但是运营集中在上虞总部，对信息传输、销售管理、采购、生产运营、产品设计进行统一指挥，实现了集中管理。除了"五个统一"，卧龙集团还进一步加大人才培养力度，通过国际人才应用实现管理的协同。卧龙集团除了进行管理培训，还提高员工的外语水平，开展国际化人才训练，最终让这些人才担负起跨国管理的重任。

8.4 卧龙集团的并购绩效

8.4.1 产业结构和产品结构得到优化

通过一系列的跨国并购，卧龙集团的产业结构和产品结构得到优化，特别是加速了主导产业的转型升级，跨入了国际高端制造业，提升了可持续发展能力。

在跨国并购之前，卧龙集团的发展是"基业为主，多业并举"；在跨国并购之后，卧龙集团的发展战略调整为"技术强企、产业集聚及全球化"。核心业务的聚焦不仅没有减缓卧龙集团的发展步伐，反而扩大了卧龙集团的影响力。卧龙集团拥有了更广泛的资源，包括市场资源、技术资源和生产资源，实现了全球范围内资源的优化配置，带来企业发展的质变。卧龙集团借助并购将其与领先企业之间的差距缩小了 15 年以上。特别是在高端电机产品方面，借助 ATB 集团的力量，卧龙集团实现了很大突破。同时，卧龙集团拥有了世界电机行业的领先技术及与之相应的世界一流技术研发团队，为其提升行业话语权、形成竞争优势、实现可持续发展打下良好基础。

8.4.2 市场影响力得到提升

在市场影响力方面，卧龙集团已经完成了在欧洲、中国和美国三大市场的布局。卧龙集团的产品也从最初的参与简单工业机械配套，很快发展到参与国家重大基础设施项目建设，并且迅速与近 40 家世界 500 强企业和国内知名企业建立业务联系，成为它们的主要供应商。在此期间，其资产规模、销售收入、利润总额都得到了快速的增长。卧龙集团丰富的产品线也为经销商带来了更广阔的发展空间。随着卧龙集团品牌知名度、信誉度的提升，分销、经销业务有了很大发展。卧龙集团可以充分利用多品牌、多产品和多生产基地的优势，提升市场影响力。

8.4.3 规避了贸易壁垒

卧龙集团在全球的研发、生产与销售渠道布局，使得产品很容易进入各大市场，包括欧美市场，同时卧龙集团还在越南投资设厂，产品更容易进入东南亚市场。通过全球布局，卧龙集团不仅能与 ABB、西门子等领先企业同台竞争，而且有效地规避了贸易壁垒和贸易政策不确定性带来的运营成本。本地化运营虽然降低了传统进出口贸易的作用，但是有着更高程度全球联系，产品设计、信息、生产与管理的联系更紧密，能够有效地应对各种风险。

8.5　案例启示

本章以卧龙集团为例展示新兴市场经济体的企业如何通过国际化实现优势资源配置利用，实现企业跨越式发展。现有文献大多讨论的是发达国家跨国公司的国际化行为，而对于新兴市场经济体的企业如何进行国际化却鲜有文献说明。由于发展阶段的差异，新兴市场经济体的企业起步于产品的制造环节，在技术资源累积和开发能力方面都弱于发达国家的企业，当它们开展国际化运营时，必然会遇到更多的障碍。不过国际化给新兴市场经济体的企业发展带来了新的动力和机遇。

跨国并购是后发企业获取战略核心资产的重要手段，通常是直接收购发达国家的先进技术企业。卧龙集团的案例显示跨国并购是有目的、有对象的并购，通过并购实现企业在全球市场开发、资源利用与技术累积方面的优化，通过协同效应的发挥获取竞争力，实现企业的跨越式发展。卧龙集团的案例表明，企业通过跨国并购能够同步实现技术跨越和国际化进程，取得最大效益。跨国并购不仅是市场的扩大，也是企业实现技术学习和追赶的重要通道，它可以使企业成长为全球领先企业。

这类企业案例很多，浙江巨星科技就是其中之一。巨星科技通过多次收购国际知名品牌，成为全球工具市场的领先企业。2010 年，巨星科技收购 Goldblatt 品牌及相关资产，Goldblatt 是专业建筑工具品牌，拥有 100 多年的历史。巨星科技收购 Goldblatt 公司后，提升了研发实力，在半年内开发出一系列油漆工具、抹泥工具、地砖工具等建筑工具产品，并结合巨星科技及 Goldblatt 公司的渠道资源，广泛推广 Goldblatt 品牌产品，提高了自有品牌产品的销售份额。2016 年，巨星科技又收购 PONY 和 JORGENSEN 品牌，获得了生产设备、库存、商标专利等资产。2017 年 5 月，巨星科技以 1.25 亿美元收购美国 Arrow 公司。Arrow 公司主要提供各类手动工具、气动工具、电动射钉枪与耗材。它作为美国本土的著名品牌，在美国大型连锁超市的市场占有率接近 60%，在工业领域的市场占有率接近 38%。巨星科技不仅获得 ARROW 的品牌和渠道，还包括生产基地约 100 亩，雇佣 400 名工人。通过一系列的跨国并购，巨星科技实现了从 OEM 到自有品牌的经营，提升了利润率，扩大了产品销量，减少了竞争对手，成功进入美国市场。加之巨星科技已在南美洲、欧洲拥有很好的销售网络，进而实现了在全球市场的布局。

跨国并购还要重视资源整合，包括技术开发、制造、品牌和市场等方面，有效的整合会带来新的优势，实现企业的跨越式发展。

当然，跨国并购也带来一些问题，比如并购企业过多、过快可能带来整体运营效率的下降和企业债务负担的加重。特别是并购过多的生产型企业会使员工人数过多，制造效率不能获得有效提升。卧龙集团已经注意到类似问题。2020 年，卧龙集团提出降低负债，2019 年负债率从 63% 下降到 55%，2020 年进一步下降到 50% 以下，有息负债下降到 30% 左右。卧龙集团还对工厂进行智能化改造，降低运营成本。卧龙集团从 2019 年开始准备用 3 年时间对全球范围内 39 个工厂进行智能化、自动化改造，提升制造水平。

另外，过多并购也可能导致品牌重叠的问题，造成无形资产大幅减值。当企业越来越大时，并购后的整合很关键，降低组织成本、提升组织效率非常重要。正如 20 世纪初，当通用汽车公司通过多次并购变得日益庞大时，整个公司的运营效率也出现下降，艾尔弗雷德·P. 斯隆的分权改革实现了企业的再生。通用汽车公司的案例具有启发意义，并购后需要进一步细化品牌，提升品牌特点，让其在细分领域成为主导企业。

9 包容性投资实现多方共赢

——青山控股投资印度尼西亚案例

2021 年 4 月 8 日，中国商务部部长王文涛与印度尼西亚贸易部长鲁特菲举行视频会议，就进一步深化中印尼经贸关系交换意见。在视频会议中，鲁特菲表示，在双方共同努力下，近年来中印尼经贸合作成果丰硕。中国企业在印度尼西亚的投资已经助力它成为世界重要不锈钢生产国和出口国，树立了双方合作的典范。2014 年，印度尼西亚仅有 2 家电炉炼钢厂，全部生产不锈钢长材产品，合计 33 万吨产能。但是，到了 2019 年，印度尼西亚已建成不锈钢粗钢产能 300 万吨，在建产能 150 万吨，拟建产能 150 万吨。预计到 2025 年，印度尼西亚的不锈钢产能将突破 800 万吨，跃居世界第二。印度尼西亚的不锈钢冶炼产业为何发展迅速？其中一个重要原因就是吸引海外投资，优势企业的进入与印度尼西亚的镍矿资源结合大大推进了产业发展的速度。中国的青山控股集团、德龙公司、振石东方公司、新兴铸管、金川集团等先后在印度尼西亚投资发展不锈钢冶炼产业。

对于许多东道国而言，如何制定最优的引资政策实现本国的经济收益最大化一直是一个难题。东道国希望外资的引入不仅能带动本地、本产业的生产和就业，还能够拉动其他产业的发展，促进整个地区甚至整个国家的经济发展目标的实现。为了实现这一目标，一些国家会进行引资政策的调整。例如，在国际投资活动中，一些国家的政府会制定本地化政策，要求零部件、设备等实现部分或全部本地化生产，在制造工厂的所有权比例和本地管理人员比例上也有一定要求。非洲国家加纳就希望外资引入符合本国的"一区一厂"政策,不仅帮助解决严重的失业问题,也能推动国家工业化进程。越南颁布法令,禁止越南本地企业在2019年6月以后使用过时、劣质、污染和不安全的二手机械、设备和生产线技术。只有直接服务于越南生产的二手机械、设备和生产线技术才可入境,同时有关入境设备必须符合越南国家技术法规(QCVN)、越南标准(TCVN)或G7国家在安全、节能和环境保护等方面的标准。越南的这一政策显然是为了促进本国的相关产业升级,提升生产技术的先进性。印度尼西亚政府于2009年颁布了新的《矿产与煤炭开采法》(2009年第4号法律),该法令要求从2014年1月开始正式施行原矿出口禁令。同时,印度尼西亚政府又颁布政策鼓励金属原矿冶炼加工设施的投资,以促进本国的冶炼工业发展。显然,印度尼西亚政府和许多非洲国家的政府一样,它们不希望本国仅仅成为原矿的出口国,还希望借助本国的特有资源开发等带动更多产业的发展,获得更大的收益。

不过,东道国政府的这类政策调整给外国投资者带来很大挑战。如果企业能够积极应对这些挑战,通过包容性海外投资实现互利共赢,就能促进企业海外运营的长期发展。对于很多外国投资者而言,如果能将企业的发展目标与东道国的经济发展目标很好地结合,不仅可以降低投资风险,也能增强投资的合法性、正当性,提升投资的间接价值。以往很多研究强调了对外投资企业的社会责任,例如环保、就业和支持当地的社区发展等,但是对于许多东道国政府而言,它们不再满足于外来投资企业承担一定的社会责任,而是更强调经济发展的长远目标,因此也对引资政策作了很大调整。这些政策调整无疑会给外国投资者带来更多挑战。本章讨论的青山控股投资印度尼西亚的案例就是企业积极应对这些挑战的典型案例。

9.1　企业简介

青山控股起步于1988年创办的浙江瓯海汽车门窗制造公司。1992年11

月，公司创始人又设立了浙江省丰业集团有限公司，将其发展成为中国最早的民营不锈钢生产企业之一。1998年，浙江青山特钢公司成立，它是中国大型民营不锈钢生产企业之一。进入2000年以后，公司快速发展，在浙江丽水青田设立核心企业浙江青山钢铁有限公司，在福建宁德市设立福建青拓生产基地，并合资成立河南金汇特钢有限公司、河南青浦合金材料有限公司，并购广东省清远市大金源不锈钢有限公司，还与东北特钢大连金牛股份有限公司合作生产不锈钢。2005年，青山控股集团成立，一跃成为全国民营不锈钢龙头企业，形成了一条主要生产不锈钢棒材、线材、型材、带材、细丝、微丝、无缝管及管件的完整产业链。

依托丰富的上游资源优势，青山控股在2017年开始投资新能源行业。它利用印度尼西亚的红土镍矿生产用于三元电池的硫酸镍和混合氢氧化镍钴产品，并在温州空港新区建立锂电池的制造基地。青山控股的瑞浦能源已发展成为锂电池企业新秀，建有自动化生产线，并实现整车配套22款车型，交付了近百兆瓦时储能系统。

2019年，青山控股全年生产不锈钢粗钢1065万吨，镍当量33万吨，销售收入达到2626亿元人民币。2019年，青山控股在世界500强企业中排名第361位。

青山控股的国际化始于2009年6月，它在印度尼西亚成立苏拉威西镍业有限公司，先后在印度尼西亚的苏拉威西、北马鲁古投资设立中印经贸合作区青山工业园（IMIP）（2013年开始建厂）、印尼纬达贝工业园（IWIP）（2018年8月开始建厂）。它在苏拉威西投资建成的青山工业园拥有年产180万吨镍铁、300万吨不锈钢钢坯的产能，形成世界上首条集采矿、镍铬不锈钢冶炼、热轧、退洗、冷轧及下游深加工于一体的产业链。2017年，中印经贸合作区青山工业园的进出口额为31.2亿美元，2018年前11个月的进出口额达到49亿美元。2020年4月，青山控股纬达贝工业园的镍铁线投产，5月其首船镍铁正式发运，顺利完成了海关申报、出口许可证申领、镍铁装船、海关清关等一系列发运流程。

青山控股还在美国的匹兹堡设立冷轧生产线（年产30万吨），专业生产高品质的不锈钢产品。2012年，青山控股还在津巴布韦投资建设原料生产基地。2018年1月，青山控股启动在印度的不锈钢项目一期冷轧建设工程。该项目将在印度建成年产60万~70万吨不锈钢冷轧、热轧产品的生产线，预计5~6年全部建成。

9.2　青山控股运营遇到的挑战

不锈钢生产的主要原料是镍和铬，原料成本占到不锈钢产成品总成本的60%~70%。中国的镍矿资源和铬矿资源都匮乏，一直以来，中国的不锈钢生产企业从世界其他国家进口资源。印度尼西亚是世界上红土镍矿资源最丰富的国家之一，其国内开采的镍矿以前绝大部分用于出口。在2014年实施原矿出口限制令以前，印度尼西亚红土镍矿出口量居世界第一，占全球总供应量的五分之一。为了提升资源开发带来的效益，印度尼西亚政府要求提高出口产品的附加值，在2009年颁布了新的《矿产与煤炭开采法》（2009年第4号法律），并从2014年1月开始正式施行。该法禁止原矿出口，鼓励在镍矿产区就地投资建设镍铁冶炼工厂，以促进本国冶炼工业发展。

早在印度尼西亚政府调整资源出口政策之前，许多企业的发展就受到镍矿及镍生铁价格波动的影响，一些企业甚至失去了成本控制自主权。从全球来看，相当部分的镍矿分布于澳大利亚、印度尼西亚和菲律宾（占全球的47%左右），很多镍矿资源由澳大利亚等国的公司所掌控。世界最大纯镍生产商Nickel Mines Limited成立于2007年，它是一家以镍矿开采销售为主的澳大利亚公司。Nickel Mines Limited公司持有印度尼西亚PMA公司（PT Hengjaya Mineralindo，圣波纳集团）80%的股本权益，该公司其余股份由印度尼西亚Wijoyo家族持有。

青山控股较早主动掌握镍矿资源，掌握镍矿资源就掌握了成本控制的自主权，可以摆脱国际镍价波动对企业的影响。从 2008 年开始，青山控股全球布局就把进入镍铁生产行业纳入企业的谋划重心。2009 年，青山控股进入印度尼西亚进行镍矿的开采和投资。它与印度尼西亚八星集团（Bintang Delapan Group）合资设立了苏拉威西矿业投资有限公司，由合资公司开采位于印度尼西亚中苏拉威西省和东南苏拉威西省面积约 4.7 万公顷的红土镍矿。获得印度尼西亚镍矿资源开采权，成为青山控股全球布局关键一环。青山控股进入镍生产行业，实现矿业开发和不锈钢生产企业的整合，也让企业的全球竞争优势大大提升，具有更大的产能空间。

不过，印度尼西亚政府的政策调整给全球镍矿市场带来很大的影响，镍矿价格也大幅上扬，对青山控股的经营也产生深远影响。青山控股的投资决策需要作出大的调整，以应对印度尼西亚政府在 2009 年颁布的矿业法禁止原矿出口政策。

9.3 青山控股的包容性投资

要实现企业的长远发展，青山控股不仅要通过海外投资将资源开发与生产更紧密地结合，还要在投资过程中实现青山控股、印度尼西亚政府以及澳大利亚镍矿公司的多方共赢，在互利中实现对战略性资源（镍矿）的利用，真正走向国际舞台[①]。青山控股对印度尼西亚的镍铁冶炼生产投资有以下优点：

第一，能够将印度尼西亚的镍矿资源优势与中国的冶炼制造技术相结合。印度尼西亚的镍矿品质高，开采成本低，在当地开采冶炼还能节约大量的运输成本（每年节省的海运能耗相当于 9.5 亿千瓦时发电量）、关税成本。同时，中国先进的镍铁冶炼技术移植到印度尼西亚，可以发挥制造方面的领先

---

① 青山控股在印度尼西亚的工业园（IMIP）所使用的镍矿资源大多来自 PMA 公司，PMA 公司 80% 的股权由澳大利亚镍矿公司（Nickel Mines Limited）所有，其余 20% 股权由印度尼西亚的 Wijoyo 家族所有。由于青山控股为印度尼西亚炼钢项目启动需要更多及可靠的镍矿供应，PMA 公司的 Hengjaya 矿区获得为青山子公司提供镍矿资源的合同。Nickel Mines Limited 公司由此与青山控股建立起产业合作。

优势，最终实现资源优势与制造优势的结合，大大提升青山控股的产品在全球的竞争力。

第二，可以利用印度尼西亚丰富的劳动力资源。冶炼产业是资源密集、劳动密集、资本密集和技术密集结合的产业，它的生产制造需要大量的劳动力投入。而印度尼西亚的人口接近 2.62 亿，拥有大量的年轻劳动力，劳动力的成本也较低。在青山控股的投资地，当地劳动力的平均工资不到 800 元人民币。仅劳动力投入方面就可以为青山控股的不锈钢生产节约大量成本。

第三，青山控股在印度尼西亚开展生产制造型投资契合印度尼西亚政府的经济发展目标和诉求，能够获得政府和当地社会的支持。印度尼西亚政府希望外来投资不仅带动生产和就业，也能促进工业化和冶炼产业发展。一直以来，很多发展中国家的工业化进程缓慢，它们缺少的不是劳动力和资源，而是资金和技术。发展中国家的大量劳动力集中于农业生产，在工业生产技术方面相当薄弱，这也是其工业化进程缓慢的原因之一。而青山控股在印度尼西亚的投资带来了直接的生产技术传递，为印度尼西亚冶炼产业的发展起了很大的推动作用。因此，青山控股的投资也会赢得东道国政府和社会的支持，企业可以实现稳定发展。

不过，青山控股在印度尼西亚的投资也面临很多挑战。挑战之一就是冶炼生产所需的基础设施不足，例如电力、水的供应，污水处理设施等。

正如青山园区开发公司董事长黄卫峰所言："在印度尼西亚建设工业园区，政府的角色与中国完全不一样。"在印度尼西亚投资会遇到没有土地、没有道路、没有电等问题，需要企业投资修道路、建电厂、造港口。青山控股要在印度尼西亚开展生产，除了建设冶炼厂，还需要配套建设发电站，而配套建设会给青山控股在资金、技术等方面带来很大压力。另外，道路条件也非常不好。例如，从印度尼西亚青山工业园到达印度尼西亚的肯达里机场再转机雅加达回国至少要耗时 2 天以上。

挑战之二就是本地技术工人相对不足。为解决这一问题，青山控股除了需要派遣相当部分的国内技术人员来印度尼西亚工作，还需要对当地劳动力进行系统培训。

为了解决这些问题，青山控股与中国（中国冶建等）、印度尼西亚的许多公司展开合作，协力推进资源和生产结合型投资发展，将中国的制造技术传递到印度尼西亚。2013 年，青山控股与印度尼西亚八星投资有限公司合资设立了中印经贸合作区青山工业园区，在印度尼西亚的中苏拉威西省摩洛哇丽县投资建设不锈钢生产企业。该企业结合了印度尼西亚当地丰富的红土镍矿资源优势和中国先进的冶炼技术。青山控股与印度尼西亚八星公司的合资企业 SMI 公司能够实现年产 30 万吨镍铁冶炼的产能，并配套建设有 2×65MW 火力发电站。

在解决技术工人不足方面，青山控股一方面采用了"师傅带徒弟"的方法，让每一位去印度尼西亚工作的中国师傅都必须带出几位印度尼西亚徒弟，并放手让他们去操作；另一方面，青山控股通过开设技工培训学校培训大量印度尼西亚工人。

在解决基础设施滞后方面，青山控股除了新建发电站，还修建道路，自建飞机场。2019 年 10 月，青山工业园区机场迎来了自用的载客飞机，它标志着自建机场正式投入使用。印度尼西亚青山工业园区位于印度尼西亚中苏拉威西省摩洛哇丽县巴活多比镇，天然的地理条件导致交通十分不便。最开始投资建厂时，仅可通过陆路进出园区，从中苏拉威西省的首府肯达里市到园区需要 20 多个小时的车程。随着园区基础设施的日渐完善，现在已缩短至乘汽车 8~10 小时或乘轮船 3~5 小时。但人员从园区至肯达里机场（Kendari Haluoleo Airport）再转机雅加达回国至少要耗时 2 天。机场正式投运后，从园区机场飞到民航机场再转机回国，最多只需 24 小时，时间缩短了一半。印度尼西亚青山园区机场开通了园区—雅加达转机中国、园区—美娜多转机中国等多条航线，极大地缩短了员工、访客和商业伙伴往返园区的时间，方便了大家的出行，使得园区内的商业运营更为高效。

9.4 青山控股的海外投资绩效

青山控股的投资获得以下绩效：

第一，青山控股在印度尼西亚生产的不锈钢产品获得很大市场竞争力。在中国完善设备、先进工艺的帮助下，印度尼西亚的不锈钢产品在世界范围内供不应求。中印经贸合作区青山园区开发公司董事长黄卫峰的估计，青山控股在印度尼西亚的投资五年内可以收回。对于整个青山控股而言，在印度尼西亚的投资也实现了产能转移，整个印度尼西亚的产值将占到青山控股总产值的30%。由于中国的生产成本在不断提升，这种产能的全球结构调整将有效地降低企业的总成本。

第二，青山控股在印度尼西亚的投资得到各级政府的赞赏和支持，使得投资项目顺利开展。印度尼西亚总统佐科多次接见青山控股的高层，并对公司利用印度尼西亚资源生产成品且带动下游产业发展表达赞赏。目前青山控股在印度尼西亚的中苏拉威西省摩洛哇丽县的青山工业园已经发展成为全球重要的镍铁和不锈钢产业基地，解决了当地就业岗位3.5万个，工业园的产值达到100亿美元，印度尼西亚也从投资项目中获得极大收益。在青山工业园投产之前，印度尼西亚出口4亿吨铁矿石，其价值仅为2.4亿美元。但是在加工成不锈钢板之后，这批矿产资源的价值提升到35亿美元。印度尼西亚政府已经充分认识到"产业下游化"带来的巨大收益。

第三，青山控股的产品不仅打开了印度尼西亚的市场，也打开了东南亚市场，并且有相当部分产品出口到其他国家和地区。印度尼西亚的工业园区不仅成为一个生产基地，也成为一个出口平台。印度尼西亚产品出口可以享受很多关税优惠（东盟内部免关税、发达经济体给予印度尼西亚的优惠关税），节约了大量的出口关税成本。

第四，带动了当地经济发展，促进了基础设施条件的改善。从2013年起，青山控股在建设工业园区的同时也支持当地道路、学校、住房等的建设。

由于投资项目的发展，青山工业园所在地区的人口由项目建设前的 5000 人增加到 5 万人，形成了一个初具规模的工业城镇。

第五，带动了关联产业的发展。目前印度尼西亚政府大力鼓励当地锂电池原料厂的建设，以支持本国电动车的发展。由青山控股参与的合资企业 QMB 新能源材料公司也在青山工业园成立，该公司的投资总额达 7 亿美元，每年创汇达 8 亿美元，带动 2000 人就业。该公司的年生产能力为 5 万吨镍和 4000 吨钴，产出 5 万吨氢氧化镍中间物品、15 万吨电池级硫酸镍晶体、2 万吨电池级硫酸钴晶体、3 万吨电池级硫酸锰晶体，这些原材料将为印度尼西亚的新电池行业、新能源材料行业发展提供重要保障。

9.5 案例启示

青山控股的投资模式在其公司内部被称为"矿区就地建厂"的新模式。不过，本书认为其投资是资源开发与生产转移结合的海外投资模式。本案例的第一个启示是企业的海外投资与东道国的经济发展实现互融，积极响应东道国政府的本地化经济发展诉求，通过包容性发展获得互利共赢。随着一些发展中国家引资政策的成熟，它们不再满足于外国资本开发资源并出口，而希望通过引资带动本地工业的发展，提高产品的出口增加值，将资源优势转化为生产制造优势，实现经济的长久发展。不仅在印度尼西亚，非洲和拉丁美洲的许多国家也有相似的政策诉求。例如，阿根廷政府为支持食品工业的发展，在 2010 年 5 月通过《2010—2016 年阿根廷农业食品和农业加工业战略计划》，要求阿根廷巩固和加强农产品生产和出口大国的地位，提高出口农产品的附加值，鼓励外国投资者在农业产区发展农产品加工业等。

发展中国家的这一政策调整自然提高了外国资本进入的门槛。对于外国投资者而言，它们的海外投资将被赋予更多的企业社会责任，从某些方面来说会提升它们的运营成本和投资难度。不过，挑战的背后也有巨大的潜在收益。当企业改变发展思路，迎接全球变革带来的挑战时，它会获得长久的竞争力。青山控股由早期的资源型投资转向资源与生产结合型投资，获得了巨大成功。尽管在印度尼西亚的生产投资遇到基础设施不足、技术工人短缺等问题，但是海外投资使它不仅融入印度尼西亚这个近 3 亿人的大市场，也获得了更多资源开发的正当性、合法性，赢得了印度尼西亚政府的支持，从而使得青山控股在全球不锈钢产业竞争中获得更多的优势。青山控股的投资案例带来的启示是企业开展海外投资时要有本土化思维和国际化视野，使海外投资融入东道国的经济发展，也为企业自身的发展赢得稳定性。

本案例还带来第二个启示，就是当青山控股将具有一定竞争优势的生产制造环节转移到国外时，其国内企业如何发展？集团海内外的企业间是否会形成竞争？当资源开发、生产制造都在海外，青山控股在国内的企业将以何种要素或功能获得持续竞争力？一个发展路径就是将国内企业打造为技术和产品开发中心，使其处于产业价值链的上端，利用国内的技术资源优势，不断研发新产品，提升全球竞争力；而投资于印度尼西亚的企业以控股经营为主，并由国内企业向其提供技术支援。

10 价值链边际环节的跨国转移 促进企业运营结构调整

——健盛集团投资越南案例

在不断变化的市场环境中，企业的生产运营也需要不断调整才能保持竞争力。对于中国企业而言，中国的经济发展很快，经营环境也在不断变化，企业需要对其运营的各个关键环节进行结构优化调整才能保持竞争优势。制造企业的运营环节通常包括产品研发、制造、物流、营销和辅助服务等，有些企业的制造环节还会进一步细分，不同规格的产品、不同质量的产品需要不同的生产设备，并会分布在不同的生产基地。由于每一个运营环节都会创造一定的价值，并且也会要求相应的投入，因此运营环节的结构性优化就很重要。

在企业早期的发展过程中，大部分运营环节都集中在国内，但是当企业成长之后，就会有足够资源进行跨国的运营结构优化。企业国际化运营并不仅仅是产品"走出去"（通过出口方式），很多时候是将企业的运营环节或功能转移"出去"，在更大的区域范围内实现企业不同运营环节的结构优化，实现对国际间差异资源的利用。这种地区间的企业运营环节的结构优化也是实现升级发展的路径之一。

一个典型的例子就是 20 世纪 70 年代很多美国电子产品制造企业将产品的生产组装环节、测试环节转移到东南亚国家。例如，英特尔公司于 1972 年在马来西亚的槟城建立首家境外工厂，主要从事芯片的测试、封装，并很快取得了成功。到 1975 年，英特尔公司槟城工厂的员工约有 1000 人。另外，AMD 公司、美国国家半导体公司、惠普公司、日立半导体公司、博通公司、摩托罗拉公司、希捷公司、戴尔公司等纷纷加入，使得槟城的电子产业蓬勃发展。目前，英特尔公司在槟城有十个现代化的组装厂，它们是英特尔公司最大的组装厂、实验基地和研发中心，具有 7 纳米芯片设计能力。从这一例子可以知道，将企业的部分环节转移到更具优势的其他地区，能够实现企业内的跨国分工，降低运营成本，提升运营效率，获得更强的市场竞争力。国际化运营有助于企业运营结构的优化，促进企业竞争力的提升。

对于许多中国企业而言，这种基于企业运营环节结构优化的国际化发展更为重要。首先，经济发展到一定阶段之后，中国的资源环境、竞争环境都有很大的变化。例如，中国的制造成本在不断提升，制造企业为了降低制造环节的成本，需要将部分制造环节转移到东南亚等成本相对低的地区。其次，企业运营环节的结构性国际优化是应对不确定性因素而采取的主动行为。当国际经济政策的不确定性加大时，为了规避贸易壁垒或者贸易风险，企业也会在更大的空间范围内进行运营环节的结构性优化。无论这种结构性优化是主动调整还是被动调整，它在本质上都是企业对跨区域资源的优化利用。

从某种意义上来说（特别是在规模经济条件下），全球化经济发展并不会促进各个地区的"均等"发展，相反，它会带来地区间的不平衡发展。在这种大趋势下，企业如何顺势而为，充分利用这种结构性差异而获得提升？企业需要进行运营的结构调整，需要对不同的运营环节进行跨区域布局，在不同区域寻找到最优、最具有竞争力的要素支撑。例如，企业的研发需要向技术资源、研发团队聚集的地区移动；企业的制造需要向劳动力成本低、生产效率高的地区转移；企业的营销要贴近市场。不同的国家或地区所具备的要素是有区别的，如果能够在时间和空间维度充分利用好这些要素，企业就能获得持续竞争力。

在本章，通过对浙江健盛集团的案例分析，我们来解析其跨国投资的动因以及战略选择。这一案例也从侧面反映了许多中国 OEM 企业转型发展所面临的挑战与突破之路。

10.1 企业简介

浙江健盛集团是一家从事棉袜和内衣产品设计与制造的企业，它创立于 1994 年，起步于浙江省江山市。在创业早期，健盛集团创始人张茂义担任江苏县工业供销公司的经理，在开展业务过程中，他察觉到棉袜市场的潜力很大，加之 20 世纪 90 年代正是中国企业发展变革的时代，在他的推动下，浙江健盛袜业有限公司成立。1998 年，通过公司改制，浙江健盛袜业有限公司成为民营企业，企业的经营绩效也有很大改善。改制以后，健盛集团全面从内销走向外贸。健盛集团采用 ODM、OEM 的生产模式，为冈本、伊藤忠、迪卡侬、道步、太平洋、麦德龙等企业提供棉袜与无缝内衣产品，并与它们建立了长期的业务合作关系，还为 PUMA、FILA、MIZUNO、NEW BALANCE、LEE、LOTTO、ADIDAS、TOMMY HILFIGER、TOPVALU、UNIQLO、无印良品等品牌生产袜类产品。它的产品包括短筒袜、中筒袜、长筒袜、连裤袜等棉袜产品，也包括各类体育用袜，如高尔夫袜、滑雪袜、网球袜、跑步袜等。

2015 年 1 月，健盛集团在上海证券交易所成功上市，成为中国袜业第一家上市公司。2017 年，健盛集团收购国内无缝内衣龙头企业——俏尔婷婷，进入无缝内衣市场。健盛集团通过技术、资本、客户等方面的资源整合，获得快速发展。健盛集团现拥有近万名员工，棉袜年度产能达到 3 亿双，无缝内衣年度产能达到 2500 万件。截至 2019 年底，健盛集团全年营业收入 17.8 亿元，同比上涨 12.86%；实现净利润 2.73 亿元，同比增长 32.39%。健盛集团的棉袜全球出口连续多年位居全国前列。目前健盛集团有三大产业：一是棉袜制造，二是无缝运动服制造，三是染色、橡筋线、氨纶包覆纱等原辅料的生产，涉足上、下游产业链。

健盛集团在国内外拥有七个生产基地。第一个生产基地是杭州萧山的智慧工厂，该厂建于 2018 年，是自动化程度最高的工厂，年产 3000 万双中高端棉袜。第二个生产基地是健盛集团的江山产业园，它位于浙江省江山市，现有四个工厂，每个工厂有 500 台袜机，为迪卡侬、UA、Puma、Stance 等品牌生产。第三个生产基地位于浙江省绍兴市，主要为国际品牌生产无缝内衣，年产 1300 万件。第四个生产基地是在越南投资建设的越南海防生产基地，总共有四个工厂。第五个生产基地是在越南清化省建设的越南清化生产基地，有 2000 台袜机，年产 1.5 亿双袜品。第六个生产基地是在越南兴安省投资建设的越南兴安生产基地，主要生产色纱、尼龙等袜子原材料，还生产无缝内衣。第七个生产基地是在黔东南苗族侗族自治州的贵州生产基地，年产无缝内衣 1200 万件。

2019 年 9 月，健盛集团的江山生产基地建成，它是位于浙江省江山市的产业园。该生产基地是江山市第一批高新技术企业，有员工 2000 余人，编织设备 2000 多台，年产各类中高档棉袜约 1.3 亿双。江山生产基地是按照"工业 4.0"要求建设的智慧型工厂，它拥有全智能编织一体设备 1050 台，通过对大数据信息技术、物联网技术和自动设备的运用，成为拥有世界先进水平的棉袜制造工厂，并荣获浙江省第一批"机器换人"示范企业称号。健盛集团的无缝服饰生产主要集中在俏尔婷婷和贵州鼎盛两大国内工厂，2019 年的产量分别为 1400 万件和 950 万件。另外，健盛集团还在日本东京设立了一个创意中心"Apex Wealth Japan LTD"。

2019 年，公司棉袜整体产能约为 3 亿双，其中国内产能 1.5 亿双左右（杭州生产基地 0.2 亿双，江山生产基地 1.28 亿双），越南海防生产基地产能 1.45 亿双左右。随着越南生产基地的陆续建成，健盛集团的产能将进一步增长。根据中国海关的统计数据，健盛集团 90% 以上的产品出口至日本、欧洲和澳洲等市场，来自欧洲及日本的收入分别占到 40% 和 21%。2019 年，健盛集团生产无缝内衣的全资子公司俏尔婷婷实现净利润 1.09 亿元。同时，健盛集团原棉袜主业实现利润约 1.63 亿元，同比增长 55%，主要源于越南生产基地的产能释放。

10.2　健盛集团在早期发展中遇到的挑战

健盛集团的商业模式主要是 OEM，尽管近期健盛集团在向 ODM 和自主品牌方向发展，但是长期以来，它的生产模式是为世界知名品牌商和零售商自有品牌提供袜业的制造和代工服务。

OEM 商业模式有一些好处：一是能够参与世界知名品牌的价值链分配。它的代工对象大多是世界级企业或品牌。一方面，这些世界级企业的采购量往往很大，有助于健盛集团生产的规模经济效应的发挥。正如健盛集团董事长张茂义所言，一流品牌的价值链蛋糕很大，即使从中切取一小块，企业也受益很多。通过获得来自大企业的订单，健盛集团可以将生产制造规模扩大，特别是在早期发展过程中，中国的劳动力成本并不是很高，且袜业制造也是劳动密集型产业，企业可以充分利用中国制造资源这一优势。另一方面，这些世界级企业对产品的品质有较高的要求，也会促使健盛集团提升制造技术，为市场提供高品质的产品。在实际运营中，健盛集团通过生产设备的更新升级，不断提升了其制造能力，并在市场竞争中获得领先地位。

实际上，中国台湾也有很多企业通过代工发展起来，例如，在 20 世纪 80年代，广达公司、仁宝公司、纬创公司、精英（制胜）公司、英业达公司、华宇公司、神基公司等从部件代工逐渐发展到贴牌代工、设计代工，最后走上自创品牌的道路，它们不仅在中国台湾从事代工生产，而且把制造基地转移到中国大陆。中国台湾的鸿海精密公司 2020 年的雇佣员工人数达到 70 多万人，正是借助制造方面的优势，它发展成为世界 500 强企业。

广东的企业格兰仕也是通过 OEM 模式发展起来的。1992 年，格兰仕公司投资 300 万美元从日本东芝集团引进微波炉自动生产线，实现了从家纺行业向电器行业的转型发展。借助为大品牌商代工，格兰仕实现了微波炉的大规模制造，仅在 1998 年生产量就达到 450 万台，位居世界第一。不过，代工的利润很薄，为此格兰仕开始投入产品研发，并发展自主品牌。2000年格兰仕成功研制出第一个自主品牌磁控管，企业发展上升到一个新的台阶。2008年之后，格兰仕又从意大利、德国、日本等引入全新的洗碗机、洗衣机自动化生产线，并对微波炉、电蒸炉等生产线进行全自动化改造。2020年4月，格兰仕的工业4.0示范基地投产，单线平均6.7秒生产出一台微波炉。2019年，格兰仕已经在全球10多个国家和地区建立了营销机构，其品牌在全球150多个国家和地区注册。格兰仕的发展离不开OEM，在成长过程中，它先后为全球200多个品牌代工生产，早在2001年销售收入就达到68亿元，2002年增长到85亿元，其中出口占生产总量的70%，出口中的相当部分是为世界各地的品牌生产的代工产品。

与格兰仕具有相似发展经历的企业很多。美的集团的海外业务也是以代工为主，代工为美的集团带来了大量收入，2020年美的集团的海外销售占总销售收入的比例高达40%，产品出口至全球200多个国家和地区。

二是与普通代工企业相比较，健盛集团为知名品牌代工不仅能获得大额订单，而且代工收益也不低。因为一双成本5元的棉袜产品如果由知名品牌商销售，售价可以达到50元，溢价非常高，而代工企业也能从中分享到较高的收益（如果代工企业的利润为0.5元，则其毛利率为10%）。正是代工企业与品牌运营商的这种利益捆绑（或互补性），使得健盛集团能够从代工中获得较高利润。财务资料显示，健盛集团的毛利率常年保持在30%以上，纯利润率达到13%。

不过，健盛集团的运营模式也面临很大的挑战。一是制造成本的逐年上升。提升毛利率的一个前提条件，就是控制生产成本。但是在2010年以后，中国的制造成本逐渐上升，土地成本、人工成本都在上涨，企业与品牌商的供应链关系受到很大的挑战。一方面，如果健盛集团要提升供货价格，那么对于下游的品牌商而言，无疑是提高了采购成本，它有可能放弃与健盛集团的合作关系。另一方面，如果健盛集团不提升供货价格，那么上涨的制造成本无疑转嫁给自己，企业的利润空间将被压缩。

二是行业竞争激烈。不仅在中国，即使在其他地区，也有很多企业成为健盛集团的竞争对手。土耳其人口资源丰富，且人工成本相对较低，又是横跨欧亚的制造中心。有不少的土耳其企业参与到为欧洲品牌商代工中。意大利是欧洲的纺织品制造中心，它掌握高端的棉袜生产设备和技术，尽管它的劳动力成本较高，但是利用先进的制造设备替代劳动力，也能为其在高端棉袜制造上获得一定竞争力。在国内市场，除了健盛集团，还有嘉麟杰、大杨创世、鲁泰A、棒杰股份等上市公司，它们的外销比例也很高。例如，上海嘉麟杰公司的家纺外销比例达到约80%。此外，还有辽源鹿人袜业有限公司、浙江华尔纺织科技有限公司等，其中浙江华尔年产超4亿双袜子，它与多家国际品牌商合作，目前已成为全球第三大袜子生产企业，企业的生产技术力量也位居前列。激烈的竞争使得企业的代工订单不稳，影响企业的正常运营。

三是贸易壁垒。随着全球保护主义的抬头，中国的纺织服装贸易受到很大的冲击。美国市场是健盛集团在全球各大区营收增长最快的地区。中美贸易关系具有不确定性，一旦美国对中国袜类产品征收高额关税，健盛集团对美国的销售就会受到很大冲击。

10.3 健盛集团的战略选择

面对挑战，健盛集团的一个关键目标就是要稳定老客户，开发新客户、新领域。健盛集团通过两个战略选择来实现这一发展目标：一是提升产品性价比战略。具体而言，健盛集团采取了两个策略。第一个策略是将生产转移到成本更低的地区或海外。由于国内的制造成本在不断提高，劳动密集型生产制造优势在中国大大下降，因此，将制造环节转移到成本更低的国家和地区，可以在一定程度上保持竞争优势。其中，越南是制造环节转移的首选地区。首先，越南与中国在地理上邻近，有着相似的文化。其次，越南有人工成本、所得税以及关税相对较低的优势。仅从人工成本考察，2013年越南的工人月薪大约为 150 美元，即使是后期涨到 250～300 美元，它的人工成本也仅为国内的二分之一左右。另外，越南的所得税税率为 20%，如果投资地点设在越南海防的国家级工业园和兴安省，则所得税按照 10% 的征收标准，还可以再享受"四免九减半"（前四年不收税，九年内减半收税）的优惠政策。在关税方面，越南的纺织品出口到日本是零关税，而纺织品从中国出口到日本则有 7% 的关税。最后，健盛集团所投资的地区为越南海防市的新加坡工业园，基础设施条件良好，其他运营成本也相对较低。

海外投资带来制造成本的下降，保持了健盛集团的低制造成本优势，也稳定了客户。不过，赴越南投资也意味着新的设备投资和厂房兴建，这是一大笔开支。如果投资成功，则可以实现产能的优化布局，带来成本的节约。如果投资运营不成功，对于健盛集团的运营而言是极大的风险。另外，当海外生产基地建成之后，健盛集团还面临着治理变革的问题，它需要完善投入产出结构，实现国内外多个生产基地之间的协同，要强化集成供应链，形成生产、运营、服务等各环节的综合比较优势，这些对于健盛集团而言都是挑战。

第二个策略即通过提升制造技术和产品品质来赢得竞争优势。健盛集团通过技术革新提高生产效率和产品品质，以此稳定市场。有利的条件是，在国内，为了鼓励技术革新，各级政府出台了"机器换人"的优惠政策，给予制造型企业技术升级支持和补贴。先进的制造技术与设备应用不仅能够达到降低成本的功效，而且能够提升产品的品质，使得企业的产品具有市场竞争力。纺织服装行业不仅是劳动密集型产业，也是技术密集型产业、资金密集型产业。先进的制造设备投入是企业保持竞争力的途径之一。

健盛集团的江山产业园是企业成立以来最大的投资项目，总投资金额达到 25 亿元，是全球最大的棉袜生产基地。在"机器换人"政策的推动下，2013 年健盛集团从意大利进口了 500 台世界上最先进的编织缝头一体机。这款机器突破了目前业内袜头和袜身必须手工缝合的局限，可以一次性成型、剪袜，并完成所有花型的提拉、任意毛圈的编织等。另外，健盛集团投入购置的新型自动脱袜定型机可以将操作工从 5 人降至 2 人。尽管设备投入资金很大，但是它能有效替代人工，提高生产效率，也能使得企业的产品更为精致、规整。新的设备引入后，改进了产品质量，袜子 A 品率从原先的 92% 提高到 99.5% 以上；产品生产周期从 10 天缩短为 2 天。

二是改变 OEM 商业模式，向 ODM 和自主品牌运营方向发展。相比 OEM，ODM 和自主品牌运营有更高的利润回报和运营稳定性。不过，后者要求企业建立相应的支撑要素，包括研发人员和营销渠道，这对于新进入者而言是一个很大的挑战，不仅要求巨量的资金投入，而且需要时间投入。健盛集团此前没有品牌运营经验。更为重要的是，当健盛集团开发自主品牌的袜业产品时，它将不得不与目前的客户（品牌商）竞争，这很有可能导致代工业务不稳。

三是产业领域扩张，寻求新的增长点。产业扩张有多个优点。健盛集团在生产技术、制造和服务方面有多年的积累，这些是企业有价值的资产，它们可以应用于其他领域，实现协同效应。同时，通过新领域的扩张来替代原有领域，可以降低运营的风险性。

10.4 健盛集团的海外投资与转型发展

10.4.1 对越南的生产投资

2013 年，健盛集团开始寻求在越南建设新的生产基地。2015 年 5 月，健盛集团的第一座海外生产基地——海防生产基地暨健盛袜业（越南）有限公司竣工落成。海防生产基地占地 10 公顷，设计规模年产棉袜 2 亿双，有 2500 台织袜机和配套设施。2017 年 11 月，健盛集团的第二个生产基地，即年产 9000 吨纺织原辅料的越南兴安生产基地暨健盛（越南）纺织印染有限公司在越南兴安省开始兴建。兴安生产基地占地 9 公顷，生产色纱、尼龙、氨纶等袜子所需原料。兴安生产基地分为两期，第一期的针织无缝运动服饰项目已经建成投产，110台圣东尼织机运转。第二期正在建设中。2019年，健盛集团开始建设在越南的第三个生产基地——清化生产基地，进一步扩大产能。清化生产基地占地10公顷，设计年产棉袜1.5亿双，有2000台织袜机和配套设施。在近5年的时间里，健盛集团通过投资1.5亿美元，在越南"再造一个健盛"，2018年健盛集团在越南的工厂总产值超过10亿元人民币，利润7000多万元人民币。

越南的投资不仅仅是生产基地的转移，健盛集团也采用了最新的生产设备，与公司未来信息化、数字化生产相匹配。健盛集团在海防的健盛袜业（越南）有限公司的一期投资总额为1400万美元，购入850台编织机，用工600余人，年产能力为3600万双棉袜。同时，健盛集团拟在海防开展二期项目建设，总投资额为4800万美元，配备先进织机2000台，用工2300人，年产可达1.3亿双棉袜和氨纶橡筋线2000吨。健盛清化（袜业）有限公司的年产能为9000万双中高档棉袜，该项目总投资额约2900万美元（约2亿元人民币）。由健盛（越南）纺织印染有限公司出资建设年产1800万件无缝针织运动服饰新建项目，项目总投资额为3623万美元（约2.5亿元人民币）。目前，健盛集团在越南的生产基地共雇佣当地工人2500人左右，中国的员工只有六七十人。

在越南投资的过程中，健盛集团也有过犹豫。尽管越南的投资环境良好，但是投资仍存在风险，文化差异、政策波动等都有可能影响企业的运营。因此，在投资越南的同时，健盛集团也加快了对国内生产基地的升级。

10.4.2　制造升级

在制造转移的同时，健盛集团还积极通过制造技术与设备升级保持竞争优势。例如，在浙江省江山市的生产基地，有500台意大利进口的Lonati编织缝头一体机在运转，它是目前世界上最先进的袜机，只需25名工人，这些机器的日产能达到 10 万双棉袜。在越南的清化生产基地，健盛集团投入袜机 2000 台。在越南的兴安生产基地，健盛集团投入无缝织机 330 台，这些机器都是国际先进生产设备，引入了自动包装、机器视觉替代人工检验、织机联网等技术，提升了智能制造水平，同时，这些设备还与 ERP 系统对接，实现订单自动排产。

为了提升运营效率，健盛集团还进行信息集成，利用相应设备采集大数据，实施数据驱动型管理。通过将大数据信息技术、物联网技术和机器人设备相结合，健盛集团在江山市的生产基地和杭州的生产基地被建设成符合"工业 4.0"要求的智慧工厂。智能技术和大数据的应用能够有效地降低劳动强度，减少用工数量，提高劳动效率，从而降低公司运营成本，进一步增强公司的整体盈利能力。

10.4.3　向研发与品牌运营延伸

除了制造环节的优化，健盛集团还积极向研发和品牌运营拓展。一直以来，由 OEM 向 ODM、OBM 转变是健盛集团的梦想，实现这一梦想能够真正让健盛集团建立起完整的价值链，主导整个袜业和无缝内衣业的发展。这种转型也意味着健盛集团需要向品牌和研发两端升级（正如"微笑曲线"中由制造向更高附加值的两端环节延伸）。

为了实现价值链延伸目标，健盛集团调整了组织架构，增设设计研发总监、信息总监等岗位，推动资源调动，加强了新业务领域的拓展。

在品牌方面，健盛集团开发了自有运动服饰品牌 JSC（定位于高级女性运动品牌），该品牌专注女性运动服饰，产品涵盖运动内衣、运动紧身裤、运动 T 恤、运动外套、运动配件等运动服饰。产品以线上销售为核心，线下体验店为补充。为了避免与海外代工品牌商的竞争冲突，该品牌主要满足国内市场的顾客需求。同时，健盛集团还积极延伸设计服务，为客户提供产品开发服务，并加强与国内品牌以及国际品牌的合作。

在研发方面，健盛集团不断提升研发力量，通过丰富产品品种和提升产品品质来提升市场竞争力，促进稳健发展。健盛集团在日本成立研发中心，提升日本市场产品的设计开发能力与客户服务水平。同时，健盛集团聘请了韩国设计团队进行产品的设计开发。研发力量的提升，也提高了 ODM 在订单中的比例，改善了产品结构。2019 年，健盛集团的研发投入超过 5038 万元，占营业收入总额的比例为 2.83%；研发人员 421 人，占公司总人数的比例为 4.92%。

健盛集团正在考虑在欧洲等地设计研发销售中心，进一步加强服务欧洲市场的能力。正是由于研发力量的不断提升，健盛集团的产品线已经渗入专业运动袜领域，该领域是袜子中技术含量最高的品类。目前，健盛集团已经成功开发出登山袜、骑车袜、高尔夫袜、羽毛球袜等七大类功能性运动袜品，成为国内最专业的运动袜生产商。创新能力的不断提升，补充了健盛集团的薄弱环节，提升了产品附加值，也提升了市场竞争力。

10.4.4 产业领域扩张寻求协同效应

健盛集团利用积累的技术优势、制造优势拓展新的业务领域，为公司发展寻求新的增长点。2017 年，健盛集团以 8.7 亿元收购无缝内衣制造商俏尔婷婷，进入中高端无缝服饰市场。俏尔婷婷拥有国际先进的意大利圣东尼电脑提花针织机、定型设备和全套进口染色、缝纫及电脑设计软件，先进的制造能力使得它成为 CK、华歌尔、黛安芬、耐克、优衣库等知名品牌的指定内衣生产商。通过此次收购，健盛集团的产品品类由袜类扩展到内衣等贴身衣物，构建了新的盈利增长点。2019 年，健盛集团实现年收入 17.8 亿元，其中无缝服饰业务占比超 35%。

10.5 海外投资绩效

健盛集团通过在越南的投资成功实现了价值链边际环节的跨国转移，不仅节约了劳动成本，还提升了产能。越南生产基地的成功运营赢得了老客户信赖，订单供不应求。另外，在越南投资还能规避贸易壁垒，开拓东南亚市场。

健盛集团的海外投资并不是淘汰技术和淘汰产能的转移，相反，其在越南的投资与公司信息化、数字化生产相匹配。健盛集团为了提升海内外生产基地的运营效率，实现大数据集成管理，通过大数据库和计划排产系统，对财务成本、产能利用等进行多角度优化，给出最优的订单分配方案，提升了整体的运营效率。

10.6　案例启示

当中国各项生产要素的成本上涨已是大势所趋时，健盛集团果断地赴越南投资，并在 5 年时间内投资建设三个生产基地，实现了产能的大转移，为集团的持续性发展赢得了动力和竞争优势。健盛集团价值链边际环节的跨国转移并不完全是劣势转移，同时伴随有制造的升级。它在越南的生产基地引入先进的制造设备，超过 1.5 亿美元，在越南"再造了一个新健盛"。

除了制造环节的跨国转移和升级，健盛集团积极向品牌和研发两端延伸。纺织服装业不仅是劳动密集型行业、资金密集型行业，也是技术密集型行业，无论是生产设备蕴含的先进工艺，还是产品设计中所体现的先进理念，技术含量的提升都能够有效地提高产品附加值，也能为健盛集团赢得竞争优势。因此，在制造环节的对外投资过程中，积蓄科研力量、提升企业的科技创新能力也很重要。

正是这种"外投内升"的发展战略的实施，使健盛集团在更大的区域范围内实现了运营结构的优化配置，实现了跨国资源利用。跨国运营促进了企业的转型发展，巩固了企业在行业中的领先地位。

本案例的一个启示是：企业运营的商业环境在不断变化，企业的竞争优势也在不断变化。企业需要寻求新的竞争优势来保持经营的稳定性。对外投资是企业运营环节结构优化与跨区域资源配置利用的有效途径。通过将价值链的边际环节进行跨国转移，企业可以降低生产成本，同时，企业在中国的基地和总部可以向高端制造与研发方向调整，实现企业内的跨区域分工与合作。企业通过对外投资的形式实现了企业内的有效国际分工，获得了新的竞争优势。

当然，跨区域运营结构的调整与配置也面临很多挑战。第一个挑战是巨额的资金投入。健盛集团在 2015 年上市筹集了很多资金，并结合自有积累资金，支持在越南的三个生产基地的建设。不过，对于其他一些行业而言，生产基地的建设所需资金可能会很高，这使企业的跨国投资面临较大的风险。

第二个挑战是缺乏研发人才与技术开发经验。当企业将原有的制造环节转移出去且国内分支机构向技术研发、品牌建设方面调整时，它面临一些困境，例如在技术与产品开发方面缺乏积淀，需要技术人才。

第三个挑战是多分支机构的运营管理。当企业通过海外投资建立更多的生产基地时，它的投资成本在增加，同时运营管理成本也在大幅增加。在当前外包与分工合作的大潮下，企业是否真的需要保留这些海外工厂呢？

在实际经济中，企业为了保持竞争力，会有两种选择。一是专注具有比较优势的一个或几个价值链环节，并通过与其他专业企业合作保持竞争力。由于不同价值链环节对应不同的技术资源、人力资本和投资金额，因此通过专业化分工合作，让具有专业化优势的企业参与到整个价值链中，就能形成合力，整个价值链也更具竞争力。典型案例就是美国苹果公司的 iPhone 手机价值链，它集合了全球 160 多个厂商的力量，包括亚洲地区的 100 多家企业，美国的 30 多家企业以及欧洲的德国、瑞士等国的 7 家企业。在这些企业中，有的企业专注于产品设计与软件开发，有的企业专注于芯片制造，有的企业专注于手机辅助件的制造。正是这些专业企业的商业合作使得 iPhone 手机的整个价值链具有全球竞争优势，也为各个参与企业创造了极大利润。与此类似的例子还有耐克鞋的开发与生产。

对于健盛集团而言，它是否可以通过海外外包的形式将棉袜生产转移到越南呢？这种可能性很小。首先，越南本身的棉袜制造要落后于中国。其次，制造环节转移出去可能意味着健盛集团的核心业务"外包"出去了。最后，合作治理的难度很大，也有很多交易成本。

二是通过一体化运营保持产业竞争力。实际经济中，不是所有的企业都是通过价值链的拆解与市场合作获取整体竞争优势的。相反，有的企业会通过一体化运营保持竞争力。出于技术与知识产权保护、组织效率、获取规模经济和范围经济以及不完全市场问题（信息摩擦、不完全合约等）等原因，企业会将一个产品或多个产品的大部分价值链环节保留在单一企业或企业集团内部，通过一体化运营获得最大收益。例如，在半导体产业中，有的企业专注于技术开发，而将产品制造外包，例如 ARM 公司、华为海思半导体公司、高通公司、苹果公司等。高通公司每年通过技术许可都可以获得大量的收益，它专注于技术开发与并购，并向全球 130 多家电信设备制造商发放专利许可，建立起一个以高通技术为核心的生态体系。但是有的企业选择一体化运营，例如英特尔公司，从芯片的设计、制造到封装、测试都是由英特尔集团内部分布在全球各地的子公司合作完成。

尽管是跨国运营，但是在有效治理和差异制造（国内制造与国外制造聚焦不同类型、规格的产品）的条件下，健盛集团也能通过一体化运营保持竞争优势。

11 "以外供外"实现区域资源的合理配置利用

——巨石集团投资案例[①]

一直以来，新兴企业进入成熟市场（欧美市场）是一个难题。新兴企业通常会采用出口的方式进入成熟市场，但是这种方式会遇到很多困难。首先，它会遭遇贸易壁垒（如反倾销诉讼）等限制，在位企业会设置各种壁垒限制新兴企业的产品进入。其次，新兴企业的品牌知名度不高，再加上是外来品牌，很难获得成熟市场消费者的青睐。新兴企业发展的一个优势就是制造优势和较低成本，但是较低成本并不意味着绝对的竞争优势，它往往会被贴上"低质产品"的标签，反而成为限制其进入市场的一个壁垒。

立足国际市场是企业发展过程中的一大挑战。通过出口方式进入国际市场并不是长久之策，它不仅面临各种贸易壁垒，也不被外国客户完全接受，企业也未成长为真正的跨国公司。一些企业通过对外投资方式进入国际市场，例如第5章讨论的福耀玻璃公司。本章讨论的巨石集团案例也是如此，巨石集团不仅要将产品成功打入成熟市场，还要实现全球资源的合理配置利用，成为真正的跨国运营企业。正如巨石集团的董事长所言："在美国建厂，就是要做到工厂前移、研发前移、人才前引、靠近客户、贴近市场、以外供外。巨石集团的发展目标就是立足全球，真正实现研发、生产、销售的全球运营。"虽然巨石集团和福耀玻璃都是通过对外投资方式进入国际市场，但是两

---

① 本章主要由茹玉璁和洪益乐写作完成，刘毅群作了内容修改。

者投资方式有一定区别，巨石集团通过绿地投资方式建立海外生产基地，而福耀玻璃通过并购方式构建海外生产基地，它们的成功经验为其他企业进入国际市场提供了启示。

11.1 企业简介

巨石集团是中国建材股份有限公司旗下的核心企业之一（中国建材还有一家玻璃纤维生产企业"中材科技"），主营玻璃纤维及制品的生产与销售业务。目前巨石集团57.44%的股份由A股投资者所有，中国建材持有巨石集团26.97%的股份，振石控股持有巨石集团15.59%的股份。巨石集团于1999年在上海证券交易所上市。经过多年发展，巨石集团已经在全球拥有五大生产基地，分别在浙江桐乡、江西九江、四川成都、埃及苏伊士和美国南卡罗来纳，目前已经建成玻璃纤维大型池窑拉丝生产线20多条，玻璃纤维纱的年生产能力达到200万吨。巨石集团目前能够提供100多个大类近1000个规格品种。

巨石集团的发展与浙江振石控股集团（以下简称振石控股）有很大关联。振石控股是中国民营企业500强、中国制造企业500强。振石控股的主营业务是玻璃纤维制造、风电基材、特种钢材、复合材料、矿产开发以及房产开发等。振石控股起源于1969年浙江桐乡的石门镇东风布厂，从1972年开始涉足玻璃纤维产业领域，1983年更名为桐乡玻璃纤维厂。1989年桐乡玻璃纤维厂改制成为浙江桐乡振石股份有限公司。1998年8月，振石控股与中国建筑材料集团、江苏永联公司、中国建筑材料及设备进出口公司募集资金成立中国巨石股份公司。其中，中国建筑材料集团占股本总额的56.68%，振石控股占股本总额的33.39%，江苏永联占股本总额的6.36%，中国建筑材料及设备进出口公司占股本总额的3.57%。1999年3月，巨石集团在上海证券交易所上市。巨石公司成立之后，就开始规模化发展，它投资7500万元建立年产8000吨的池窑拉丝生产线（即"3·18工程"），这一项目成功建设了我国玻璃纤维工业第一条池窑拉丝生产线。2007 年，巨石集团引入联想弘毅投资作为战略投资者。上市和引入战略投资者使得巨石集团获得足量资金，有能力进行大规模生产技术改造，并超越竞争对手。2008 年，巨石集团的产能规模首次超过国际领先企业欧文斯科宁公司，成为世界玻璃纤维工业的领先企业。

巨石集团在振石股份、中国建材等企业支持下，玻璃纤维业务获得快速发展。巨石集团在美国、加拿大、南非、法国、意大利、西班牙、日本、韩国、印度等设立多家销售公司，并在埃及、美国建成技术先进的生产基地，实现了全球化运营。

11.2 玻璃纤维行业市场与竞争

玻璃纤维是一种性能优异的无机非金属材料。它耐高温、不燃、抗腐、隔热且抗拉强度高、电绝缘性好。在一些行业领域，玻璃纤维可以替代钢、铝等传统材料，应用领域广泛。按照玻璃纤维的成分，它可以分为无碱玻璃纤维、耐化学玻璃纤维、高碱玻璃纤维、中碱玻璃纤维等。中国、美国、欧洲、日本是全球玻璃纤维生产和消费的主体。

玻璃纤维的需求增长带动了中国企业的发展。中国企业凭借着低制造成本、快速的技术进步逐渐获取竞争优势并成长起来。相反，一些跨国企业缩减了产能，甚至退出了玻璃纤维产业。2017 年以来，中国玻璃纤维行业的产能增长率达到 6.65%，而同期全球玻璃纤维的产能增长仅为 1.70%，中国的玻璃纤维产能已经达到全球总产能的 50% 以上。在全球市场，巨石集团的竞争对手有美国欧文斯科宁公司（Owens Corning）、美国佳斯迈威公司（JM）以及日本电气硝子公司（NEG）、旭硝子公司（AsahiGlass）和板硝子公司（NG Technology），国内的竞争对手包括泰山玻璃纤维股份有限公司、重庆国际复合材料有限公司等。其中，美国欧文斯科宁公司是全球玻璃纤维行业的领头企业，拥有很多玻璃纤维技术专利。

2019 年，中国玻璃纤维及制品出口为 153.90 万吨，出口金额达到 22.80

亿美元。近年来受到中美经贸摩擦的影响，我国玻璃纤维产品出口有所下降。2018年9月24日美国对中国大约2000亿美元的出口产品加征10%的进口关税，并在2019年5月10日将关税税率提高至25%。经贸摩擦也加快了企业的生产投资在全球的布局，逐步替代出口，降低贸易风险对企业国际化运营的冲击。

11.3 巨石集团的国际化历程与动因

巨石集团的国际化历程经历了四个阶段：

第一阶段以出口为主。1995年巨石集团第一次把玻璃纤维产品销售到美国，并在当年举办了玻璃纤维产品的国际信息发布会，通过产品出口实现了与国际市场的接轨。其后每一年，巨石集团都会举办中国巨石国际玻璃纤维年会。国际玻璃纤维年会逐渐发展成为全球复合材料产业的顶级交流平台，汇聚了最新的技术研究成果以及最新产品，推动玻璃纤维产业不断向前发展。

第二阶段以投资海外营销网络为主。巨石集团坚持"先建市场、后建工厂"的国际化原则和策略。为了拓展海外市场，巨石集团2010年以后陆续在法国、西班牙等国建立起贸易型海外控股公司，巨石国际、巨石巴西、巨石美国等公司先后成立。巨石集团还收购德国汉姆公司和英国GRPMS两家海外独家经销商。通过一系列投资，巨石集团建立了较为完善的全球营销网络，拥有稳定的客户群，逐渐形成亚洲、北美洲、欧洲三足鼎立的市场布局。为了提升市场运作的协同效应，巨石集团在2009年以后还召集所有海外公司的负责人到总部开会，群策群力，共同推进全球市场的拓展。

全球营销网络的建设有多重效应。一重效应就是倒逼企业的技术创新，提升产品质量和竞争力。最初巨石集团的出口主要是利用国外巨大的市场扩大销售，创造利润。但是，随着巨石集团的产品"走出去"，激烈的市场竞争也倒逼巨石集团改进生产技术和提升产品质量。二重效应是为后续的境外工厂建设奠定了基础，因为它开辟了市场渠道，增进了与客户之间的沟通和了解，能更好地了解客户的需求和市场潜力。可以认为，全球营销网络的建设是为企业"走出去"探路，降低了生产型投资的风险。2011 年以后，随着贸易摩擦的加剧，巨石集团加快国际化步伐，开始筹划在海外建设生产基地以替代出口，应对贸易摩擦的不利冲击。2011 年之后，土耳其、印度、欧盟等先后发起了针对中国玻璃纤维产品的反倾销诉讼，巨石集团受到很大的负面冲击。巨石集团的国际化逐步从产品"走出去"向企业"走出去"转变。

第三阶段是到发展中国家埃及投资建厂。2011 年 8 月，巨石集团决定在非洲国家埃及的中埃·泰达苏伊士经贸合作区建设年产 8 万吨的玻璃纤维池窑拉丝生产线项目，这一项目是世界一流的池窑拉丝生产线。这一项目的建设将真正实现"以外供外"，通过运用海外资源供应海外市场，有效地规避贸易壁垒。项目从 2011 年开始建设，2014 年 5 月建成。巨石集团投资 2.23 亿美元在海外建成首条大型玻璃纤维生产线。这一投资不仅填补了北非地区玻璃纤维生产的空白，还可以将产品销售到欧盟市场、土耳其和中东。项目建成一年以后，巨石埃及公司实现销售收入超 4 亿元人民币，促进 1500 余人就业，取得了极大的经济效益。截至 2019 年 6 月，巨石埃及公司累计为当地带来 3 亿埃镑税收，工厂直接解决 2000 多人的就业问题，增加外汇收入 3 亿美元。巨石埃及公司成为我国"一带一路"建设的示范项目。

2012 年，巨石集团除了在埃及开展绿地投资之外，还利用收购方式加快国际化步伐。巨石集团收购其美国产品独家代理商 GIBSON 公司唯一股东 Faithrich 公司 100% 股权，以此强化巨石集团对北美地区的市场控制力，增进与客户的关系。巨石集团通过对美国 GIBSON 公司的并购，获取了成熟的销售网络、销售队伍和良好的客户关系。同时，巨石集团积极在境外注册商标，2013 年在境外注册了"巨石"及"E6"两大商标。这些商标获得了新加坡、西班牙、丹麦等的国际注册证，扩展了商标保护范围及知名度。

国际化的第四阶段是到美国投资建厂。2016 年，巨石集团决定投资 3 亿美元在美国南卡罗来纳州的里奇兰郡建设年产 8 万吨的玻璃纤维生产线。巨石集团董事长张毓强生动地描述了在美国设厂的动因："在埃及建厂是有病治病，在美国建厂则是没病防病。"在美国投资设厂有以下几个方面的动因：

首先，美国市场是战略性市场。美国不仅是玻璃纤维的发源地，也是全球最大的玻璃纤维生产国和消费国，同时还是巨石集团最大的海外市场。在美国投资建厂可以更好地贴近市场，更好地服务客户，提升市场影响力和市场份额。

其次，原有的出口模式存在很大弊端。出口模式的实质是"以国内资源供应国外市场"，这使得巨石集团的发展受到制约。巨石集团的发展目标是实现国外资金、技术、市场、人才、土地和能源的同时利用，真正实现跨国经营，为企业的持续发展寻找新的出路。正如巨石集团董事长张毓强所言："在美国建厂，就是为了做到工厂前移、研发前移、人才前引、靠近客户、贴近市场、以外供外。"这一战略选择的本质是巨石集团实现全球资源（工厂、研发、人才、资金、客户和市场等资源）的合理利用，做到最高层次的国际化经营。美国拥有高端的玻璃纤维研发、生产、管理人才，直接在美国设厂能够促进产品研发。同时，美国拥有全球最发达的下游应用市场，多样化的产品应用市场也有利于巨石集团加强研发，开发更多前沿产品。

最后，从成本角度考虑，如同前面章节分析的福耀玻璃案例，美国土地成本、能源成本低，同时，美国政府还提供财税优惠政策、健全的政府培训政策等。虽然美国的人工成本高于中国，但是经过工人培训能够提升生产效率，也能提升效益。除此之外，与出口模式相比，在美国投资还节约了大量的海运费和关税。

总之，巨石集团在美国的生产型投资有着重大意义。长期以来，玻璃纤维的生产技术掌握在欧美日等发达经济体的手中，但是巨石集团通过自主创新已经打破了这一垄断局面，巨石集团将生产基地设立在美国意味着中国企业将与这些有着近百年历史的国际巨头同台竞争。这一投资还表明中国企业的竞争优势并不是依靠劳动力形成的低成本优势，相反，中国企业在海外市场的发展主要依靠的是自主研发获得的技术优势。

表 11.1 巨石集团的国际化历程

年份	事件	备注
2005	成立中德合资巨石攀登电子基材有限公司	
2005	成立巨石集团加拿大有限公司	
2005	成立巨石集团（南非）华夏复合材料有限公司	生产线已于 2007 年 5 月正式投产
2006	成立巨石集团韩国有限公司	
2007	成立巨石（印度）复合材料有限公司	
2007	成立巨石集团意大利有限公司	
2011	中国玻璃纤维股东大会正式同意巨石集团设立巨石埃及玻璃纤维股份有限公司并建设年产 8 万吨玻璃纤维池窑拉丝生产线项目	项目于 2011 年开始建设，2014 年建成投产
2012	收购其美国产品独家代理商 GIBSON 公司唯一股东 Faithrich 公司 100% 股权	
2012	开始在埃及建设首条海外大型生产线	
2016	8 万吨池窑拉丝玻璃纤维生产线项目在美国南卡罗来纳州里奇兰郡动工	
2017	埃及公司三期年产 4 万吨高性能玻璃纤维池窑拉丝生产线正式投产	
2018	与全球能效管理和自动化领域数字化转型的领导者施耐德电气合作	为中国巨石桐乡智能制造基地 229A 工程提供完整的智能配电解决方案
2019	在美国设立的年产 9.6 万吨池窑拉丝生产线在南卡罗来纳州全面建成并点火投产	

资料来源：作者通过网上资料整理得到。

11.4 巨石集团的国际化策略

巨石集团的国际化有两个特点：一是渐进式国际化，国际化程度由低到高；二是依靠技术创新优势获取国际竞争优势。这种策略有效地规避了国际化风险，获得了成功。

11.4.1 渐进式国际化发展

巨石集团采取了渐进式国际化的策略。首先，巨石集团是市场先行，先在海外构建起稳定的营销网络，再逐步实现生产的国际化。"先建市场、后建工厂"即渐进式国际化的体现之一。这一策略有多个优点。一是它能够降低国际化经营风险。海外营销网络建设的投资成本低于建厂成本，从降低风险的角度而言，营销网络的建设能够试探外国市场的潜力，如果某一海外市场潜力小，就不适合生产型投资。在实际经济中，企业只有通过试探性的营销网络投资才能获取市场信息，因而从减少信息摩擦带来的风险角度而言，"先建市场、后建工厂"较为适合。二是先建市场能够积累国际化经验，也为后续的大规模建厂提供了经验保障。

其次，巨石集团是先在成本低、投资壁垒小、市场竞争弱的发展中国家埃及投资，后在成本高、市场竞争强的发达国家美国投资。2011年，巨石集团的产品销售遇到很大困难，特别是欧洲的反倾销诉讼带来很大的负面冲击。巨石集团为了规避贸易壁垒，选择了对外投资方式扩展国际市场。但是，企业并没有海外投资经验，而且海外建厂涉及很多要素，包括土地、原材料供应、设备、技术人员、劳动力成本、优惠政策、地理位置、市场需求、政治形势、社会治安等。经过多方面考察，巨石集团选择了在基础设施条件优良、各种必要条件较为完备的中埃·泰达苏伊士经贸合作区投资建厂。埃及与欧洲市场的地理距离短，且可以享受各种进出口优惠政策。另外，埃及的经济较为发达，且社会较为稳定，因此成为首选的投资地。

在投资埃及之后，巨石集团2016年决定在美国投资。这一战略性市场也影响到企业的发展，特别是在中美贸易关系不确定性加大的形势下，这一投资决策更是合理的。美国的制造成本要高于埃及，同时还存在各种投资壁垒。如果在国际化的初级阶段就到美国投资，很容易投资失败。巨石集团需要有效地解决国际人才、工厂建设、管理运营、人员整合等问题，只有具备一定的国际化运营经验才能有效地解决这些问题。在投资埃及生产基地之后,巨石集团已经具备了足够的经验、资源和要素到美国投资。这种"先埃及,后美国"的渐进式国际化策略也是巨石集团的成功之道。

11.4.2 以先进技术立足国际市场

发展中国家的企业到美国进行生产投资遇到的最大挑战就是生产技术与管理水平能否适应发达国家的市场竞争。一直以来,发展中国家企业的生产技术是弱于发达国家的。玻璃纤维行业的技术源于美国,美国欧文斯科宁公司曾在70年时间里一直是国际市场的领先企业。另外,到美国进行生产投资,很多生产成本也与美国企业一样,比如劳动力成本等。相比出口模式,到美国建厂就不能享有中国较低劳动力成本的优势。发达国家的市场竞争更多是技术竞争与产品质量竞争。在劳动力成本优势丧失的条件下,巨石集团如何立足美国市场?

巨石集团确立了以先进技术立足国际市场的策略,加大创新。

(1)生产结构调整。在2009年的市场低谷期,巨石集团顶着压力,逆势进行结构调整以应对危机,改造老线、不停新线、加快创新、调整结构,使得巨石集团在生产的技术上、装备上、品种上、结构上都与竞争对手拉开了距离,引领着玻璃纤维工业发展。从2016年开始,巨石集团开始第四次创业。2017年巨石集团投资超过100亿元建设新材料智能制造基地,该生产基地将年产2亿米电子布。生产基地不仅继承以往先进经验,而且创新应用了超大池窑技术、智能制造技术和绿色制造技术,进一步提升了生产效率、能源利用效率和产品质量。基地的满负荷运营将实现年产电子布10亿米,规模全球第一。2018年,巨石集团董事长张毓强确立了"制造智能化、产销全球化、管控精准化、发展和谐化"的发展战略。巨石集团加大推进全球五个生产基地的建设,对中国九江生产基地的三条老线进行冷修改造,并新建年产12万吨生产线;桐乡总部施行智能制造改造;成都生产基地退城进园,建设年产 25 万吨的新生产线，它是巨石集团第一个全智能化的生产基地，拥有单体池窑产能最大、技术最优、设备最先进的一条生产线。这标志着巨石集团迈入了新的历史征程。

（2）全套自主生产技术发展。1996 年，巨石集团就开始发展自主的池窑拉丝技术，对中碱池窑、无碱组合炉、无碱池窑等的拉丝生产技术进行攻关和改造，最终取得了成功。为了提高环保水平，巨石集团还开展了玻璃纤维废丝处理的技术攻关，到 2000 年，巨石集团用了 5 年时间成功开发了 100%使用玻璃纤维废丝的环保池窑技术，并获得了国家发明专利。环保池窑技术的运用，不仅节约了大量原料成本，而且提升了社会效益和经济效益。巨石集团 2006 年自行设计了全球规模最大的年产 10 万吨和 12 万吨无碱玻璃纤维池窑拉丝生产线，同时对该生产线进行了大量优化，并研发出通路纯氧燃烧技术，该生产线采用了纯氧燃烧、5000～6000 孔特大型漏板、全自动物流输送线、高频烘干、FCS 现场总线控制等一系列国际前沿技术，使企业生产的能耗进一步下降，填补了国内空白，生产线的技术达到了国际先进水平。

（3）技术创新优化产品结构。2005 年，巨石集团进入电子级玻璃纤维领域，开展"G75 无碱连续玻璃纤维纱生产技术"的攻关，在 2006 年突破关键技术，取得自主知识产权。在 2008—2009 年国际金融危机期间，巨石集团开发的高性能 E6 玻璃纤维进入市场，它逐渐成为公司的主导产品。高性能 E6 玻璃纤维的开发丰富了巨石集团的产品结构，满足了市场的特殊需求。它的成功开发还为巨石集团提供了一个全新的技术平台，在这个平台基础上，巨石集团开发了一系列产品。2011 年，巨石集团推出 Vipro 高性能玻璃纤维，它是一种高强度高模量的无碱玻璃纤维，相比 E6 玻璃纤维产品，前者具备更高性能，可以应用于大功率风力叶片制造、压力容器等高端领域。同时，巨石集团还研制高性能复合纤维材料 CompofilTM 等高端产品，应用于国防军事、航空航天、新能源产业、汽车工业、建筑设施、体育器具等领域。2016 年，巨石集团推出 E8 高模量玻璃纤维，它改进了玻璃纤维的成本—性能比，具有更高的模量和抗疲劳性能。同时，E8 产品采用了稳定高效的池窑化生产，提升了生产效益。

（4）加大研发投入和智能化改造力度。在埃及生产基地成功运营之后，巨石集团开始筹集中埃高性能玻璃纤维及复合材料联合实验室。巨石集团与埃及国家研究中心合作，共建实验室。这一合作不仅推动了巨石集团的研发国际化，也推动了埃及本土玻璃纤维技术的发展。它为加强技术沟通、合作研发提供优质平台，带动了埃及玻璃纤维及复合材料上下游产品及应用的研究发展。

（5）生产线的智能化改造。巨石集团与德国施耐德电气合作，对工厂进行能效管理和自动化、数字化改造。巨石集团在核心装备、工艺流程和空间布局等方面推动数字化应用，进行智能化控制高熔化率窑炉、智能化物流调度系统、玻璃成型智能控制系统、自动包装物流线等关键技术的攻关。同时，巨石集团还大力筹建玻璃纤维工业的大数据中心，实现传统产业向数字化、网络化、智能化发展，提升生产效率和产品质量。

11.5 案例启示

只有实现生产的国际化，企业才真正开始国际化运营。巨石集团从市场国际化逐步向生产国际化转变，从发展中国家的生产国际化向发达国家的生产国际化转变，渐进的国际化发展之路降低了投资风险，提升了国际化运营水平，成功实现了全球市场资源、技术资源、生产资源和人才资源的综合利用，实现了企业的持续性发展。

玻璃纤维作为很多工业中间品的原材料，在交通、能源、建筑等行业有着广泛应用，随着节能、环保要求的不断提升，对于玻璃纤维产品质量也不断提出新的要求，例如耐腐蚀性、高强度性和轻盈性等，这就对玻璃纤维整个生产流程、材料配方等不断提出新的要求。在国际市场竞争中，企业必须通过不断创新来满足下游多个行业的市场新需求，扩大产品的应用场景，巩固国际市场竞争力。

高品质玻璃纤维生产技术长期为欧美国家所垄断，巨石集团以发展具有自主知识产权的玻璃纤维产业为己任，注重技术的创新和新产品的开发，以产品竞争力获得市场的认可，并通过国际化的发展战略，整合国内外资源，广泛开展国际合作，不断接触行业的前沿需求和技术。不断进行技术和产品创新的能力使企业能够适应国内市场竞争日益激烈的变化，也为国际市场竞争力培养和所有权优势的形成提供了基础，从国际化第一阶段产品"走出去"，建立全球销售网络，到企业和技术"走出去"，在重要的节点和市场建立海外生产与销售基地，为巩固国际市场地位提供了保障。

附 巨石集团财务数据及专利统计

表 11.2   巨石集团营业收入

年份	营业收入（元）	主营业务收入（元）	毛利率（%）
2009	3170935643.57	—	—
2010	4765021506.34	—	—
2011	5038391742.61	4581363318.30	34.49
2012	5103082383.84	4914244776.68	33.02
2013	5209641310.30	4837600383.82	31.90
2014	6268153539.62	6102609685.77	35.32
2015	7054787299.99	6911129231.43	40.15
2016	7446333673.92	7303899973.47	44.50
2017	8651549179.12	8427139862.74	46.64
2018	10032423279.18	9536796579.73	47.05
2019	10493293115.71	9938580527.84	36.85

资料来源：巨石集团财务年报。

表 11.3   巨石集团海外主营业务收入

年份	营业收入（元）	营业收入比上年增减（%）	毛利率（%）
2011	2379960790.07	− 0.43	—
2012	2758733882.99	15.92	—
2013	2365503730.10	− 14.25	—
2014	3003949609.51	26.99	—
2015	3381217807.83	12.56	40.56
2016	3553087337.73	5.08	50.33
2017	3884408057.10	9.32	48.82
2018	4450825171.35	14.58	47.89
2019	4379950714.54	− 1.59	38.90

资料来源：巨石集团财务年报。

表 11.4   巨石集团国内主营业务收入

年份	营业收入（元）	营业收入比上年增减（%）	毛利率（%）
2011	2515949133.80	10.66	—
2012	2246415479.21	− 10.71	—
2013	2773251550.48	23.45	—
2014	3205677499.51	15.59	—
2015	3589294315.99	11.97	39.85
2016	3818606578.99	6.39	38.95
2017	4706515038.88	23.25	43.26
2018	5457431544.54	15.95	43.31
2019	5959236524.56	9.19	32.98

资料来源：巨石集团财务年报。

表 11.5   巨石集团境外资产

年份	境外资产（元）	占总资产的比例（%）
2015 年	4403250066.15	18.28
2016	5217755268.52	21.80
2017	5835888228.39	23.54
2018	8668379276.44	28.54
2019	9662404242.02	28.75

资料来源：巨石集团财务年报。

表 11.6 巨石集团研发支出

年份	研发支出（元）	变动比例（%）	研发支出总额占营业收入比例（%）
2011	15759.67	—	—
2012	15881.83	0.78	3.11
2013	14523.62	-8.55	2.79
2014	179305336.22	23.46	2.86
2015	202295583.70	12.82	2.87
2016	254614013.61	25.86	3.42
2017	252717051.38	-0.75	2.92
2018	288768065.63	14.27	2.88
2019	283805966.64	-1.72	2.70

资料来源：巨石集团财务年报。

表 11.7 巨石集团专利统计

年份	发明专利数	实用新型专利数	备注
2004	2	0	针对废丝处理环保问题，节约原料成本，产品质量好、生产效率高
2006	1	0	生产工序短、能耗低、生产效率高、产品质量好，有利于产品质量的改进和经济效益的提高
2007	5	0	注重环保，简便，降低成本以及提高玻璃纤维质量
2008	3	4	注重环保，产品质量，规模化生产
2009	15	34	注重节能环保，规模化生产，降低成本，提高玻璃纤维的质量
2010	13	25	注重提高生产效率，降低成本，提高产品使用寿命，提高窑炉的热效率，玻璃纤维的质量，实现大规模工业化生产
2011	8	60	提高生产效率，节能减排，提高玻璃熔制质量
2012	11	29	注重适用性与操作性，节能环保，提升劳动效率，降低成本，大规模工业化生产
2013	8	90	注重性能、产品质量稳定，节能环保以及工业化

年份	发明专利数	实用新型专利数	备注
2014	5	79	注重环保,工艺简易、成本低,提高缠绕膜质量、减少焦料、增加产能。提高产品生产的可控性,有利于产品质量的稳定,提高耐水性能及机械性能、价格低廉、产品质量稳定
2015	15	62	制品的机械性能高,成本低,延长了熔化部池底运行寿命
2016	21	53	注重产品质量和产量、池窑生产能力、池窑使用寿命,提高池窑的熔化率,并且降低能耗。提高产品质量与生产效率,大规模池窑生产
2017	44	10	注重工业化生产,提高池窑的熔化率、降低能耗,降低成本,提高资源利用率、回用价值,环保,提高生产效率
2018	63 (1 个 PCT 发明)	28	注重提高污水处理效率,节能,提高窑的使用寿命,降低能耗成本,提高熔制能力和玻璃液质量,大规模池窑生产
2019	69	24	注重降低人工劳动强度,提高检测效率与生产效率,降低成本,工业化生产,提升产品质量,追求高性能
(2020 截至 8 月)	18	19	注重产品性能与质量,低气味性能(市场与应用的需求),节能环保

资料来源:巨石集团财务年报。

12   技术与市场的双螺旋
推进企业的国际化发展

——海康威视投资案例①

新兴技术的快速发展为来自新兴市场经济体的企业成长为跨国公司提供了机遇，使得它们能够参与全球市场竞争，并发展成为全球领先企业。当这些新兴企业成功将信息技术、数字技术与规模市场结合时，成长会更快，并能在短时间内转变为实现全球运营的跨国公司。在这一发展过程中，技术与市场交融，技术创新为企业赢得竞争优势，市场拓展又给企业带来丰厚的收益，并反推企业的技术研发，进一步通过产品技术的更新迭代保持市场竞争优势。企业正是在国际化发展与不断地技术创新中获得成长，我们把这一发展模式称为技术创新与市场扩展双螺旋推进的国际化发展模式。

杭州海康威视数字技术公司（以下简称海康威视）的国际化发展就是这一发展模式的体现。海康威视成立于2001年，它经过短短十多年的发展就迅速成为全球安防行业的领先企业。它建立起强大的研发团队，并充分利用信息技术、数字技术和智能技术带来的竞争优势推进市场国际化发展，在技术创新与市场拓展的交融中获得了成功。海康威视的案例生动地表明中国企业在某些行业领域能够实现"天生国际化"，特别是那些从事网络与信息技术产品开发的企业，它们可以利用已有的技术优势，及时实施国际化发展战略，推动企业的转型发展。

---

① 本章主要由：茹玉聪和徐钰婷写作完成，刘毅群作了内容修改。

本章案例分析首先介绍海康威视所处的安防行业全球发展情况与国内发展情况，通过一些国内外竞争企业的对比来说明海康威视在中国甚至全球扮演着重要角色；其次阐述海康威视的国际化发展战略及特点，并解释其如何通过技术创新与国际市场拓展的交融实现企业升级；最后将讨论海康威视国际化发展面临的竞争与挑战。

12.1　企业简介

海康威视的总部坐落于浙江省杭州市滨江高新技术开发区，它成立于2001年，于2010年在深圳证券交易所中小企业板上市。海康威视的产品主要是视频监控和大数据服务，业务聚焦综合安防、大数据服务和智慧业务等。

海康威视起步于中国电子科技集团的52所。该所创立于1962年，1984年从山西太原迁到杭州。它是一家集电子信息产品的研究、开发、生产与服务于一体的企业。2000年，海康威视的前身康银公司开始了视音频压缩板卡的开发，为中国银行某支行开发产品，2000年12月开发出第一块基于MPEG－1的压缩板卡，获得了市场好评。2001年，康银公司从52所独立出来，成立了海康威视，其中51%的股本由国有资本持有。公司的创始人大部分是从事硬件、软件研发的工程师，受此影响，海康威视从创立之初就很重视技术创新，并拥有较强的技术研发力量和团队。同时，杭州市政府非常重视高科技人才的引进，早在2000年，杭州市政府就颁布了引才计划和政策，推动技术人才到杭州就业创业。大量的人才聚集为海康威视的技术发展提供了支持。

2002年，为了适应市场需求，实现图像遮挡、网络传输、监控时间叠加等功能，海康威视在数字信号处理器（DSP）上完成常用视频标准化格式（CIF）分辨率的MPEG－4的适时编码，推出了DS－4000M压缩板卡，同时借助52所完善的营销渠道，迅速打开了市场。海康威视的成功推动了中国数码监控由MPEG－1向MPEG－4的转变。2003年，海康威视开发了基于

H. 264 编解码芯片技术的 H 系列板卡，抓住了专用集成电路（ASIC）向数字信号处理器换代的机遇，实现了关键技术的突破，为企业赢得了竞争优势。海康威视视频监控压缩板的销售额达到近 2 亿元，国内市场份额达到近 50%。与此同时，我国先后推动了"金盾"工程（2003 年）、"3111"工程（2005年）、"天网"工程（2007 年）、国家智慧城市试点（2012 年）等，带来了安防行业市场规模的扩大，也为海康威视的快速发展提供了良好机遇。为了激励经营管理层和员工，海康威视在 2007 年实施了股权激励计划，将企业的发展与个人的绩效相联系，以此留住人才，激发创新创造热情①。通过实施一系列措施，海康威视的经营管理效率有了很大改进，市场竞争力进一步提升。2010 年，海康威视在深圳证券交易所中小企业板成功上市。2010 年以后，安防行业进入监控视频高清时代，海康威视的技术优势得到发挥，市场份额不断提升，并在全球安防产业中站稳脚跟。

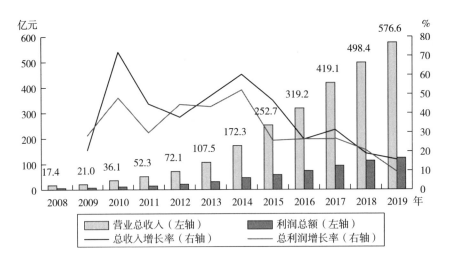

图 12.1　海康威视营业总收入与利润总额

（资料来源：根据海康威视年报整理）

---

① 杭州威讯投资管理有限公司由海康威视 49 名高管共同持股，包括海康威视总经理、9 名副总经理以及项目经理、资源经理、市场总监等其余 39 名公司高管，经营范围为服务：投资管理（除证券、期货）、实业投资。

表 12.1 　　　　　　　　　海康威视营业总收入与利润总额

项目	2008 年	2009 年	2010 年	2011 年	2012 年	2013 年
营业总收入（亿元）	17.4	21.0	36.1	52.3	72.1	107.5
总收入增长率（%）	——	20.69	71.90	44.88	37.86	49.10
利润总额（亿元）	6.0	7.7	11.4	14.8	21.4	30.7
总利润增长率（%）	——	28.33	48.05	29.82	44.59	43.46
项目	2014 年	2015 年	2016 年	2017 年	2018 年	2019 年
营业总收入（亿元）	172.3	252.7	319.2	419.1	498.4	576.6
总收入增长率（%）	60.28	46.66	26.32	31.30	18.92	15.69
利润总额（亿元）	46.7	58.7	74.2	94.1	113.5	124.1
总利润增长率（%）	52.12	25.70	26.41	26.82	20.62	9.34

资料来源：根据海康威视年报整理。

目前，海康威视的产品包括：（1）安检产品，如智能安检分析仪等；（2）无人机产品，包括飞行器、挂载、地面站、无人机防御系统等；（3）手持穿戴产品，包括移动便携监控、三防手持终端等；（4）云计算产品；（5）摄像机（网络），包括 AI 摄像机系列、Smart IPC、高清网络摄像机、专用型网络摄像机等；（6）摄像机（模拟），包括同轴高清摄像机、模拟摄像机、同轴高清球型摄像机、模拟智能球型摄像机等；（7）摄像机（数字），包括高清数字摄像机、高清数字智能球型摄像机等；（8）显示与控制产品，包括激光投影机、视频会议设备、交互会议平板、智慧纳米黑板等；（9）存储产品，包括 NVR、XVR 等；（10）传输产品，包括光模块、网络交换机、无线传输设备、光纤收发器等；（11）编解码产品，包括视频服务器、解码器、视音频板卡等；（12）客户端软件，包括 PC 客户端软件、移动客户端软件等；（13）系统级产品、热成像产品、报警产品等。

随着中国经济的快速发展，各种基础设施建设也进入高涨时期，办公楼、商业楼、体育设施、医院、学校、交通设施、住宅、工业建筑等建设也催生了大量的视频监控产品和服务需求，这为海康威视的扩张带来了新的机遇。

为了开拓不同的细分市场，海康威视在 2018 年对公司的业务架构进行了变革调整，重新组织整合资源，将主要业务分为 PBG、EBG、SMBG 三个业务群。其中，PBG 业务群（Public Business Group，公共服务事业群）由传统的公安、交通、司法三个事业部组建，服务城市治理，按照行政区划开拓市场。EBG 业务群（Enterprise Business Group，企业事业群）由传统金融、能源、楼宇、文教卫四个事业部组建，服务大型企业。SMBG 业务群（Small & Medium Business Group，中小企业事业群）由传统渠道经销管理团队组建，服务中小型企业。除此之外，海康威视还设立省级业务中心、重点地市分公司，将销售、研发、技术支持资源等前移，紧密贴近市场，快速响应客户。组织结构的调整使得有针对性地开发不同类型市场和客户变得更为有效，也促进了内部资源的协同利用，大大提升了市场竞争力。

截至 2020 年 7 月 30 日，海康威视在中国拥有 32 家省级业务中心，并在中国港澳台地区及其他国家和地区拥有 59 个分支机构，这些分支机构以营销公司和研发中心为主。海康威视的产品先后在 150 多个国家和地区得到应用，并在国际大型会议活动和大型场馆中得到应用，例如其产品和服务在 G20 杭州峰会、北京奥运会、上海世博会、德国科隆东亚艺术博物馆、北京大兴机场等得到应用。

根据全球综合安防领域的权威报告（Omdia[①] 报告），海康威视连续 8 年位居视频监控行业全球第一，在全球视频监控市场的份额为 24.1%[②]。同时，海康威视连续 4 年在知名科技媒体《安全自动化》（A&S）公布的"全球安防 50 强"榜单中名列第一位。截至 2020 年 7 月，海康威视已经在全球范围内安装近 5 亿个摄像头。

不过，快速的技术变革以及国际市场的动荡，特别是中美经贸摩擦的冲

---

① Omdia 是一家全球性科技行业咨询机构，该品牌由 Informa Tech 旗下咨询机构 Ovum、Heavy Reading 和 Tractica 与 2019 年被收购的 IHS Markit 科技研究团队共同组成。

② 根据 Omdia 2019 年 6 月（时称 IHS Markit）发布的全球视频监控市场报告，以 2018 年数据为统计基础。

击，给海康威视的发展带来很大挑战。新一代智能技术的开发和应用一方面有利于海康威视的业务扩张，另一方面也使得其他一些企业进入安防行业。这些新进企业也有着很强的技术力量，特别在智能技术开发方面，有着深厚的技术积累。例如，华为、阿里、腾讯、海尔等公司也开始涉足安防产业，它们的进入使安防行业的市场竞争变得更为激烈。同时，2019 年 10 月美国将海康威视列入"实体清单"，对其国际业务的拓展形成很大负面冲击。如何应对这些挑战，成为海康威视需要解决的重大问题。

12.2 行业背景

12.2.1 安防行业的发展历史

安防行业是在经济发展到一定阶段才会出现，主要包括视频监控、出入口控制与管理、入侵报警、楼宇对讲等，其中，视频监控是安防行业的主要业务领域。

最早的视频监控设备是 1939 年出现的微型便携相机，它体积小，易于隐藏，可以握在手中操作。微型便携相机的出现使秘密监视成为可能。第二次世界大战爆发以后，许多新技术得到应用，闭路电视（Closes Circuit Television，CCTV）在德国军工厂被用于观察远程弹道导弹的发射。闭路电视也被用于监控美国的原子弹试验，它的应用解决了危险环境下的监控问题。1951 年实时视频监控设备（Video Tape Recorder，VTR）出现，它通过磁条记录电视摄像机的实时图像。该设备用于重大盛会的安防。20 世纪 60 年代以后，公共监控摄像头得到普遍应用，它安装在公共场所，用于保障公共安全。1969 年，第一个视频家庭安全系统诞生。20 世纪 70 年代，银行、商店等开始使用闭路电视作为防止盗窃的安全措施，例如，在自动取款机上方安装摄像头，记录交易，保障客户安全。

到了 20 世纪 90 年代，监控摄像机得到越来越多的应用，它被安装在公共场所，例如体育场、办公大楼等地点，用于保障公共安全。1996 年，第一台基于网络传输的数字化设备——IP 摄像机问世。这个摄像机可以通过计算机网络发送和接收信息，后来逐渐演变为网络摄像头。在数字化时代，数字网络技术得到广泛应用，特别是手机、计算机等数字化设备的应用，大大提升了数字化网络的价值。这也改变了视频监控行业，IP 摄像机的出现使得闭路电视逐渐衰落。

从 1997 年开始，视频监控行业的技术进步加快，主要体现在两个方面：一是数字视频录像机（DVR，或硬盘录像机）技术不断改进，它的优越性越来越显著，逐渐取代了昂贵而笨重的录像带；二是过 IP 网络监控扩大了视频监控的范围，提升了视频监控的反应速度，基于互联网的监控摄像机越来越普遍。2006 年，安防行业出现了百万像素的 IP 摄像机，像素的提升也提升了远程视频监控的市场潜力。

不过，在 2006 年还很少有企业参与 IP 摄像机的研发与制造。当时的全球视频监控市场仍被数字视频录像机（DVR）和模拟摄像机所主导，用于远程监控的视频管理软件（vms）和 IP 摄像机还未得到广泛应用，它们仍然是小众产品。直到 2008 年，H.264 编码的应用推动了 IP 摄像机的部署，也推动了vms 软件的应用与发展，从此视频监控行业进入高清化时代。

2010 年，智能技术开始在安防行业得到应用。智能技术应用进一步提升了视频监控的价值，高清化与智能化结合让视频监控产品的性能得到极大改进，它的市场潜力也大大提升。安防行业的产品已经涵盖摄像头、监控设备、存储设备、软件及相关服务等多个领域。自 2011 年安防产品进入高清化时代以来，全球安防行业历经了快速增长。2011 年全球安防行业的总收入为 1606亿美元，到了 2017 年则达到 2570 亿美元，相比 2011 年增长了 60%（见图12.2）。

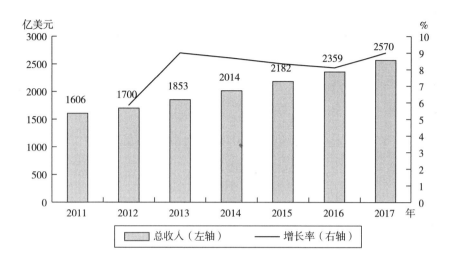

图 12.2　全球安防行业总收入变化情况

（资料来源：中国产业信息网）

12.2.2　安防行业的全球竞争

全球安防行业的最大市场是亚太地区，占 40％左右；其次是北美地区，占 30％左右；再次是欧洲地区，占 20％左右。从应用领域来看，视频监控主要在基础设施领域得到应用，其次为商用领域。从产品分布来看，数字视频录像机（DVR）和网络视频录像机（Network Video Recorder，NVR）与监控摄像机的市场份额相当，大约在 40％。另外，视频服务器和 IP 视频监控产品①的市场份额大约在 10％。不过，随着智能技术发展，这两类产品的市场份额将不断提升，成为行业的新增长点。

从全球安防行业的竞争格局来看，如果按照 2018 年的营业收入排名，海康威视（中国）、大华股份（中国）、亚萨合莱（瑞典）、博世（德国）、安讯士（瑞典）、菲力尔（美国）、宇视科技（中国）、安朗杰（美国）、天地伟业

---

① IP 视频监控系统（又称网络视频监控系统）能够将视频信息数字化，并通过有线或无线 IP 网络进行传输。

（中国）和 IDIS（韩国）位于行业的前十位。另外，还有西门子公司、GE 公司、霍尼韦尔公司等国际巨头在安防行业也占有一席之地。2018 年海康威视以 70.39 亿美元的营业收入位列第一；大华股份的营业收入为 35.75 亿美元，保持行业第二位。2019 年，海康威视、大华股份仍位列行业第一和第二（见表 12.2）。

表 12.2　　　　2019 年 A&S "全球安防 50 强"排行榜（前 10 名）

2019 年排名	2018 年排名	公司	所在国家	产品
1	1	海康威视	中国	复合产品
2	2	大华股份	中国	复合产品
3	3	亚萨合莱	瑞典	进入系统
4	4	博世	德国	复合产品
5	5	安讯士	瑞典	复合产品
6	6	菲力尔	美国	视频监控
7	—	宇视科技	中国	复合产品
8	7	安朗杰	美国	进入系统
9	9	天地伟业	中国	视频监控
10	25	IDIS	韩国	视频监控

资料来源：A&S 发布整理。

中国安防企业的快速成长与中国的市场成长紧密相关。中国是全球最大的安防市场。随着中国经济社会发展，为了提升治理水平，保障民众安全和提升民众的生活质量，政府出台了一系列政策，如"平安城市""雪亮工程""天网工程"等，这些工程项目也带动了安防市场的发展。截至 2018 年，我国安防行业的各类企业近 3 万家。2018 年，我国安防行业的市场规模达到 7183 亿元，我国安防市场的发展显著快于全球平均水平。我国安防行业的从业人员达到 160 万人，相较 2013 年增加了近 30 万人，大国市场的规模效应显著。在我国安防市场中，视频监控产品占近一半的市场份额，防爆安检和防盗报警占 15% 左右的市场份额，其余是楼宇监控产品等。

我国安防产业主要集聚在三个地区：一个是长三角地区，主要在杭州市；另一个是珠三角地区，主要在深圳市；还有一个是环渤海地区。深圳市是我国安防行业的发源地，深圳市的电子产品制造产业发达，为安防产品的技术进步和制造奠定了坚实的基础。杭州市聚集了全球安防行业的三个领先企业：海康威视、大华股份和宇视科技。环渤海地区的高校、研究院云集，聚集了安防行业的科技力量（见表12.3）。

表12.3   我国安防产业的集群地及主要企业

地区	主要企业	主要特点
珠三角	景阳、图敏、艾立克、慧锐通、视得安罗格朗、CSST、TCL新技术、三立等	以深圳为中心 以摄像机、楼宇对讲、防盗报警器、监视器为主要产品 企业起步早，制造、销售能力强
长三角	海康威视、大华股份、大立科技、宇视科技等	以杭州为中心 以数字视频录像机和矩阵为主要产品 企业规模大，综合能力强
环渤海	汉邦高科、神州数码、清华同方、英创等	以北京为中心 以光端机、高速球机、云台为主要产品 企业科技水平高
其他地区	德加拉、立林、振威、佳乐、科立信等	以成都和武汉为中心 以摄像机配件和防盗报警产品为主 企业市场份额低

资料来源：根据智研咨询发布的资料整理。

12.3　海康威视的国际化发展

海康威视的国际化发展分为三个阶段：

第一个阶段以国际营销网络建设为主。早在2002年，海康威视的销售额就达到3200多万元，2004年提升到2.5亿元（2003年销售额为1.6亿元）。海康威视的产品主要是视频压缩板卡和DVR（硬盘录像机或数字录像机）两类产品。此时，由于2001年"9·11"事件的影响，国际安防产业也迎来了发展机遇，政府、银行等机构加大了安防产品投入，城市治安监控也成了热门领域。从2004年开始，国内市场中的银行、城市主干道、考场、机场、加油站、超市、小区等逐渐开始安装监控系统，仅杭州市的城市治安监控投入就达到1.1亿元，海康威视的市场机遇变大，其销售收入开始加速增长。在技术和市场需求的双重推动下，海康威视获得了快速发展。

不过，西门子、GE、霍尼韦尔、博世等跨国公司在安防行业具有很强的竞争力，它们是全球知名的安防系统集成商。此时，海康威视在品牌、资源和资金等方面无法跟这些跨国公司竞争。因此，海康威视选择了OEM运营模式，与这些安防系统集成商合作，将产品销售给它们，依靠它们挤入北京奥运会等大项目。

2003年，海康威视海外市场销售收入的比重还很低，仅为3%～4%，2004年这一比例提升到7%～8%。海外市场的快速成长为海康威视的发展带来机遇，它开始加速在海外布局营销网络，建立起海外销售渠道。这一时期，海康威视的市场国际化遇到一些困难，主要是不了解海外市场，不知道如何构建起海外销售渠道。为此，海康威视与海外产品代理商合作，通过它们渗入海外市场。

第二个阶段以自主品牌的国际化推广为主。从2002年开始，海康威视就使用"海康威视"品牌大规模销售产品。随着企业的发展壮大，海康威视认为OEM并不是长久之路，它开始坚持自主知识产权和自主品牌，尽管失去了一些市场机会，但是长期回报却是丰厚的，"海康威视"品牌逐渐得到了市场认可。从2003年开始，海康威视就在国外注册"HIKVISION"商标，并先后在全球100多个国家和地区完成了商标注册工作，有力地保护了知识产权，提升了品牌价值。到2007年，海康威视已经摒弃了OEM模式的发展道路。由于在相同成本下，海康威视产品的性能更高，且品牌的树立也意味着海康威视会为客户提供更高质量的服务，因而它的产品具有更强的市场竞争力。海康威视的海外销售额快速增长。

另外，为了提供更好的服务，海康威视通过聘用本土员工、建设国际营销网络、海外物流和装配基地等提供本地化服务，在荷兰、英国、美国、印度、俄罗斯、中东与非洲等设立了子公司。

从 2006 年至 2015 年，海康威视总共在全球设立了 21 家海外子公司（见表 12.4）。2016 年，海康威视又在哈萨克斯坦、哥伦比亚、土耳其新设 3 家子公司，并在泰国、印度尼西亚、迪拜新设 3 家办事处。2017 年，海康威视在肯尼亚、乌兹别克斯坦、匈牙利、新西兰、捷克、马来西亚、德国设立了 7 家子公司，同时在印度尼西亚和越南新设办事处。2018 年，海康威视在墨西哥、巴拿马、巴基斯坦、秘鲁、以色列设立了 5 家子公司，并在菲律宾新设 1 家分公司，在胡志明市新设 1 家办事处。截至 2018 年，海康威视的海外分支机构增加至 44 个，授权维修中心 100 余家，海外销售服务网络进一步完善。

表 12.4 海康威视的海外子公司发展（截至 2015 年）

序号	子公司注册地	注册资本	成立日期	子公司类型
1	美国洛杉矶	20 万美元	2006 年 11 月 7 日	全资子公司
2	中国香港	10 万港元	2008 年 4 月 15 日	全资子公司
3	印度孟买	200 万美元	2009 年 2 月 3 日	控股子公司
4	荷兰阿姆斯特丹	10 万欧元	2009 年 9 月 29 日	全资子公司
5	俄罗斯圣彼得堡	1 万卢布	2009 年 10 月 21 日	控股孙公司
6	阿联酋迪拜	27.4 万美元	2010 年 5 月 16 日	全资子公司
7	新加坡	30 万美元	2011 年 8 月 26 日	全资子公司
8	南非	25 万美元	2012 年 2 月 24 日	全资子公司
9	巴西	78 万美元	2012 年 2 月 27 日	全资子公司
10	意大利米兰	10 万欧元	2012 年 3 月 1 日	全资孙公司
11	中国香港	10 万港元	2013 年 6 月 18 日	全资子公司
12	澳大利亚悉尼	50 万澳大利亚元	2013 年 9 月 13 日	全资子公司
13	法国	10 万欧元	2013 年 11 月 15 日	全资孙公司
14	西班牙	10 万欧元	2013 年 11 月 16 日	全资孙公司
15	英国	10 万英镑	2014 年 4 月 1 日	全资子公司
16	波兰	10 万欧元	2014 年 6 月 1 日	全资子公司
17	荷兰	1 万欧元	2015 年 4 月 1 日	全资子公司
18	加拿大	20 万加拿大元	2015 年 4 月 1 日	全资子公司
19	墨西哥	600 万卢布	2015 年 3 月 1 日	全资子公司
20	韩国	27000 万韩元	2015 年 5 月 1 日	全资子公司
21	美国	1 万美元	2015 年 7 月 1 日	全资子公司

资料来源：根据海康威视年报整理（以当年成立时的信息为准，未考虑后续的变动）。

第三个阶段则以国际化资源配置利用为主。企业国际化不仅是营销渠道的国际化，还应包括生产的国际化、研发的国际化以及管理的国际化，也就是企业要具有国际化思维，从国际资源配置利用角度来推进企业的发展。在市场国际化的同时，海康威视还加大了对全球创新资源的利用。

早在 2005 年，为了提升产品质量，海康威视与美国希捷公司合作，推出全球第一款满足监控市场独特需求的专用硬盘 SV35。其后该产品技术不断更新升级，成为高容量、高性价比的专用硬盘。2006 年，海康威视与德州仪器合作，使用后者提供了超低功耗视频解码芯片，双方在音视频的编解码、DSP 等领域都有合作，并建立合作技术实验室（数字信号处理方案实验室）。海康威视还与日本索尼公司合作，推出高清摄像机和 IP 摄像机。2014 年，海康威视与 ObjectVideo 签署一份全球性非独占许可协议，ObjectVideo 与海康威视一样，都是在智能视频分析领域的领先企业，前者拥有 55 项美国和国际专利。2015 年，海康威视与美国希捷公司达成全面合作，推出第七代 SV7 监控专业硬盘。2016 年，美国德州仪器、ObjectVideo 和海康威视还宣布合作开发新一代的智能视频监控技术，海康威视将采用基于德州仪器的 DSP 平台，并使用 ObjectVideo 的智能分析技术，整合资源对数量众多的监控画面进行高效识别管理。2016 年，海康威视收购了英国公司 Secure Holdings Limited（SHL），它是英国入侵报警市场的领先企业。2017 年，海康威视又在加拿大的蒙特利尔筹建研发中心，同时，还在美国硅谷建立研究所。海康威视通过一系列的国际收购和新建海外研发中心、研究所，建立起全球创新网络，实现了对全球创新资源的利用，进一步提升了研发实力和竞争力。

12.4　技术创新与市场扩展双螺旋推动海康威视的国际化发展

海康威视的国际化发展由技术创新与市场扩展的双螺旋所推动，这种交融发展形成了一个良性的投入—产出循环，为海康威视的发展壮大奠定了坚实的基础。

12.4.1 技术领先驱动市场国际化发展

海康威视从创立之初就重视自主技术的发展，一直以来坚持以核心技术创新立足，引领行业发展。海康威视的创业团队本身就是研发团队，拥有研发创新的基因。公司对技术和行业有着深刻理解，这使得它能够成功抓住每一次重大技术变革的机遇，及时进行战略调整，赶超国际领先企业。随着企业技术力量的逐渐强大，海康威视开始引领行业的技术变革，不断拓展产业边界，将整个安防行业领向以视频监控为核心的智能物联网和大数据服务方向。

海康威视的产品发展经历了多次跨越。创业之初，它很快完成了向 DVR 产品的转变。2002 年，安防产品从 MPEG1 升级到 MPEG4，MPEG4 可以节省硬盘空间和网络传输的带宽，技术升级也对视频图像的压缩效率和性能提出了更高要求。此时，H. 264 压缩标准是理想选择。海康威视因为有大量的相关技术积累，2003 年适时推出了新一代产品 H 卡系列（基于 H. 264 技术标准的视音频压缩板卡）。海康威视在 MPEG4 技术和 H. 264 技术上都占有优势。此时在压缩（算法）技术方面拥有自主知识产权的企业不超过 10 家，而海康威视坚持每一年都升级产品，以保证始终站在行业竞争的领先位置。

2009 年，海康威视在 IP 技术上获得全面突破，发布了国内第一款 IP 视频录像机（网络化高清摄像机），开启了网络高清监控时代。2015 年，海康威视发布了基于人工智能技术的安防产品，在智能视频监控领域占据了领先位置。目前海康威视正在将视频监控的行业应用引入小微企业和家庭微视频应用。海康威视正从实体公司向互联网服务公司转变。

早在 2002 年，海康威视便提交了第一件专利申请，2005 年提交了第一件国际专利申请，以加强知识产权的国内外保护。截至 2019 年，海康威视的专利累计达到 4119 件（见表 12.5）。海康威视同时获得多项科技创新奖，其中

4K 超高清智能红外网络球机荣获 ISC West 新产品奖，潜伏系列机器人获得德国红点产品设计大奖，2018 年无线报警产品系列包装斩获德国"iF 设计奖"，等等。

表 12.5 　　　　　　　　　　海康威视专利申请情况

专利申请情况	2016 年	2017 年	2018 年	2019 年
新增申请专利数	907	684	850	1339
——发明专利	435	93	116	243
——实用新型	139	148	270	417
——外观专利	333	443	464	679
新增软件著作权	124	165	112	161
截至年底获授专利累计	1245	1959	2809	4119

资料来源：根据海康威视年度报告整理。

　　海康威视充分利用了中国在研发人力资源方面的优势，通过加大研发投入，吸引优秀人才，并推动技术积累和技术创新（见表 12.6）。大规模的研发投入推动了海康威视业务的快速增长，而现有高速增长的业务规模又支持海康威视能够安排足额的研发投入预算，形成了一种良性循环。

表 12.6 　　　　　　　　　　海康威视研发投入

年份	研发投入金额（元）	研发投入占营业收入比例（%）	研发人员人数（人）	研发人员占比（%）
2011	340749514.07	6.51	1943	30.26
2012	606467102.21	8.41	3450	42.73
2013	921876972.75	8.58	4569	47.76
2014	1300703869.14	7.55	5333	44.51
2015	1722638163.98	6.82	7181	47.18
2016	2433400645.23	7.62	9366	46.80
2017	3194223108.16	7.62	13085	49.70
2018	4482780693.41	8.99	16010	46.55
2019	5483811698.36	9.51	19065	47.19

数据来源：根据海康威视年度报告整理。

　　为了激励人才，海康威视实施了多轮股权激励，并建立起人才评鉴体系，实现对人才的精细化管理。除了 2007 年的股权激励方案，从 2012 年开始，海康威视又推出一个四轮股权激励计划（见表 12.7），激励人员达到 6000 人，覆盖各级管理人员、研发人员和海外业务骨干。海康威视的治理完善，进一步促进了企业的转型发展。

表 12.7 2012—2018 年海康威视四轮股权激励情况

股权激励（草案）	第一轮	第二轮	第三轮	第四轮
授予日期	2012 年 8 月 23 日	2014 年 10 月 24 日	2016 年 12 月 23 日	2018 年 12 月 20 日
授予对象	总监层 32 人 中层管理 171 人 业务骨干 387 人 总计 590 人	高层管理 10 人 中层管理 17 人 基层管理 743 人 核心骨干 364 人 总计 1134 人	高层管理 16 人 中层管理 92 人 基层管理 144 人 核心骨干 2738 人 总计 2990 人	高层管理 6 人 中层管理 141 人 基层管理 432 人 核心骨干 5935 人 总计 6514 人
授予数量	8611611	53315082	52326858	131960548
占总股本比例（%）	0.43	1.32	0.88	1.43
授予价格（元/股）	10.65	9.25	12.63	16.98

数据来源：根据海康威视年度报告整理。

随着全球 IP 视频监控市场发展，海康威视抓住机遇，依托国内的"工程师红利"、制造成本优势，通过规模化量产切入国际市场。海康威视的市场国际化有两个特点：一是坚持自主品牌发展，二是坚持自建全球营销网络（与华为公司相似）。尽管有一段时间海康威视采用了 OEM 发展模式，但它很快转向推广自主品牌拓展海外市场的发展道路。同时，从 2004 年开始，海康威视建设覆盖全球的营销网络体系，并且是行业里第一家自建营销网络的公司。自建营销网络体系尽管在初始发展阶段投入的成本大，但是由于管理效率高，运营机制更灵活，长期效益显著。海康威视在短短几年内新建、扩建了大量海外营销分支机构，并持续加大市场拓展投入，"HIKVISION"品牌逐步被市场所认可，获得了一定的市场份额，成为全球安防产品外销最成功的企业。

技术领先为海康威视的国际化发展带来优势。海康威视的持续性技术研发投入证明了海康威视的强大技术研发能力与行业领先地位，对海康威视品牌的国际推广与国际业务发展有很好的促进作用，不仅提高了海康威视的企业竞争力，也打开了国际市场。根据权威市场研究机构 IHS Markit 发布的报告，海康威视位列全球视频监控设备市场第一，全球市场份额达到 38%，连续八年（2011—2018 年）位居全球第一。2014 年海康威视的海外市场份额（不包括中国）为 6.2%，2015 年则增长至 9%，2017 年进一步提升到 11.1%。

12.4.2 市场国际化反推技术创新发展

正如海康威视董事长陈宗年所说："加上海外的市场，才能算是一个完整的市场，站在完整的市场求发展，才能有足够大的空间和回旋余地。"海康威视的海外扩张，不仅扩大了品牌的市场影响力，也带来了企业发展的规模经济效应。市场开拓的成功反推企业的研发投入，进一步推动了海康威视的产品创新发展。国际市场拓展还有利于企业的产品改进，科研团队加强了与国内外安全知名专家、测试团队的经验交流；公司的研发人员也常常走出国门，去了解海外客户的需求。正是这一市场与研发的互动使得海康威视可以全面了解到安防行业的各种商业信息与技术信息，提升服务响应速度，更深入地了解客户的需求，也进一步促进了公司产品品质和服务的提升。

拥有核心技术才是企业立身和走向全球化之本。虽然发达国家在高新技术产品领域有很多技术和贸易壁垒，但是海康威视凭借着掌握核心技术成功进入这些市场。

坚持走自主品牌的道路是海康威视取得国际市场拓展佳绩的重要原因之一。自主品牌的成功推广改变了中国安防产品在国际市场的形象，"HIKVISION"成为高质、美誉的代表，赢得了客户信任，获得了更高的附加值。

12.5 海康威视的竞争与挑战

世界信息产业第三次浪潮——物联网时代的到来，带来了新的技术变革，如云计算、大数据、人工智能等，使安防的边界越来越模糊、范围越来越广。整个安防行业也发生了巨大的变革，开始重构竞争格局。从2001年成立以来，经过数十载的发展，海康威视稳坐全球安防市场头把交椅。作为传统安防行业的龙头老大，新技术的融合发展对海康威视而言既是机遇又是挑战。其机遇在于可以突破传统安防的界限，扩大新市场，有更广阔的发展空间。而其挑战在于，模糊的边界化让其他行业巨头开始纷纷跨界抢占市场，海康威视应当如何应对？

从国内来看，安防行业的竞争越来越激烈。传统安防时代，安防是一个很小的市场，整个安防行业创造的产值加起来也抵不上一个华为（华为2018年的营收已经达到7212亿元）。正如前文所述，现在的安防时代范围更为广阔，包括智慧城市、平安城市、雪亮工程、人工智能、智能交通等，吸引了越来越多跨行业巨头进入。海信的全资子公司易华录开始全面布局公共安全业务；阿里的"城市大脑"将所有人、车、道路数据都接入系统，通过人工智能分析技术治理城市交通病；中国平安相继成立了平安科技和平安智慧城市，完成了在智慧城市和人工智能领域的布局；2017年，华为宣布全面进军安防行业，在2019年发布智能安防新品牌Huawei HoloSens。不过，海康威视董事长陈宗年并不担心互联网巨头入局会加剧竞争。在他看来，安防市场增长得很快，但却是一个"小"市场：一方面，市场容量实际上并没有那么大；另一方面，它是一个非常碎片化的市场，用户不集中，应用、产品也很分散，客户的定制很多，从满足客户碎片化需求的开发响应到快速交付能力的建设，是一个非常复杂的体系。但是，陈宗年依旧将"竞争"视为2019年的关键词，尤其是竞争的不确定性，因为很多企业、行业在同质化，数字化阶段同质化比较严重。竞争对手的同质化是目前安防行业最大的问题，同质化直接导致的后果就是恶意的价格竞争，压缩企业利润，进而影响到企业在研发上的持续投入。目前海康威视的营业收入和利润增长确实是呈现不断下滑的势头，它在监控市场的占有率目前已经接近一半，再进一步增长的空间不大。

在全球监控摄像头市场上，中国产品凭借性价比优势在出货量份额上保持领先，在《安全自动化》公布的"全球安防50强"榜单中，海康威视连续4年位居全球第一位。在全球市场上，海康威视所面对的是美国霍尼韦尔、德国博世、瑞典的亚萨合莱和安迅士等具有全球强大知名度的企业。而海康威视的脱颖而出、独占鳌头，让他国安防企业蠢蠢欲动。受中美经贸摩擦影响，海康威视海外市场2018年增速16%为历史低点，美国市场呈现负增长。2019年，美国商务部将中国28家实体增列入出口管制"实体清单"，海康威视、大华科技榜上有名。被列入"实体清单"的企业与其他实体将被禁止未经美国政府批准从美国公司购买零部件。目前，英伟达、英特尔、安霸、西部数据和希捷是海康威视的主要供应商，而高端芯片最主要来源于美国的英伟达，列入"实体清单"可能会面临原材料采购方面的挑战。在关于中美经贸摩擦加剧、海康威视海外经营环境恶化的问题上，陈宗年认为海康威视美国业务只占公司营业收入的6%，不会对业务产生大的影响。2020年7月25日，海康威视在投资者交流会上介绍面对美国制裁后的应对措施：从制裁开始，公司对研发和供应链作了动态调整，产品供应总体没有受到很大的影响。从股价上看，虽然2019年海康威视被列入"实体清单"，但市场预期经贸摩擦会缓解，从而解禁，因此在2019年10月到2020年4月这段时间，科技股依然强劲，保持牛市格局。然而在2020年5月22日，美国进一步强化"实体清单"，"实体清单"解禁预期落空，科技股全线走跌，海康威视暴跌6.48%。再加上上半年疫情的影响，2020年第一季度，海康威视营业收入和净利润出现上市以来的首次"双降"。报告期内，公司实现营业收入94.29亿元，同比下降5.17%；实现归属上市公司股东的净利润14.96亿元，同比下降2.59%。从整个上半年的业绩来看，净利润同比增长9.66%，比上年同期高8个百分点，继续突破新高。上半年毛利率49.76%，创近9年新高。尽管中美经贸摩擦给海康威视的经营带来多方面压力，新冠肺炎疫情的冲击更是拖累业绩，但其仍保持了巨大的韧性。

海康威视的外国竞争对手并未放弃追赶，且试图在中美发生经贸摩擦之际，向中国企业发起正面挑战。佳能负责监控摄像头业务的常务执行董事山田昌敬强调，"还将与中国厂商竞争，不会只限于小众市场"。这相当于宣布佳能除了日本国内还将开拓全球市场的"挑战书"。近几年，佳能一直在做准备工作，包括收购著名网络摄像头厂商安讯士和将丹麦的影像管理系统企业麦士通系统等收入旗下等。佳能自身拥有硬件技术，安讯士拥有向全球 9 万家企业提供服务的销售和售后服务网络，佳能打算把这些结合起来构建产品供应体制。此外，佳能 2018 年收购的以色列影像分析系统公司 BriefCam 的技术应用范围广，备受关注。该技术能够从长时间的录像中找出移动物体和方向，瞬间锁定目标。佳能正积极培育视频监控业务，借助自己先进的光学技术以及并购麦世通和安讯士而来的视频处理软件和管理系统，意图抢占海康威视、大华股份等中国企业受限的部分国际市场。因此，不仅仅是海康威视，其他中国安防企业也应当居安思危，提前布局，不断与时俱进，完善生产、管理模式，提升研发能力，从而增强核心竞争力。

12.6 案例启示

海康威视的国际化速度令人印象深刻，作为一家技术密集型企业，它仅仅用了 10 年时间，发展成为市值 3000 多亿元的一流上市公司，改变了全球安防行业的格局，同时技术上持续领先，以至于被美国列入受到 301 条款限制的"实体清单"。

那么海康威视是如何获得令人瞩目的国际化发展佳绩的呢？海康威视的成功虽然并没有脱离企业国际化的一般性规律，但其国际化成功也呈现新特点。首先，海康威视的国际化成功与安防行业快速的技术变革有关联。20 世纪末21世纪初的信息技术变革彻底改变了安防行业，抓住这一变革带来的机遇就能实现赶超。虽然全球安防行业有 GE、博世等跨国公司，但是快速的技术变革也给海康威视带来了发展机遇。海康威视重视核心技术攻关，注重自主技术发展，这使得海康威视在行业技术变革之际能够形成强大的竞争力，并在全球占据创新领先优势，为海康威视的市场国际化发展奠定了坚实的基础。没有核心技术突破和领先优势，海康威视很难在短时间内发展成为全球安防行业排名第一的企业。

其次，市场国际化也为海康威视的持续创新提供了支持和动力。市场国际化不仅带来大量收入，支持公司的持续研发，也为海康威视接触各种前沿技术资源和商业信息创造了机会。通过国际化发展，海康威视的研发活动站在国际平台，其研发视野更开阔，格局更高。正如海康威视副总裁郑一波所言，海康威视海外业务的不断增长，与其营销体系不断健全是分不开的，海外营销网络的构建可以近距离地服务当地客户，为其提供更完善的售前、售中和售后服务，提高配送、维修与技术支持的响应速度；研发部门也能够及时收到海外市场准确的需求信息，快速转化为研发、生产行动。市场与技术的交融让海康威视握有两大利器，大大加快了发展速度和质量。

再次，海康威视的成功与企业高水平的战略规划能力有关。OEM 做得最好也只是为别人做嫁妆，自主品牌的设立是每位有战略眼光的企业家追逐的梦想。为此，海康威视重视构建自有的海外营销与服务网络，将它视为确立自主品牌的重要手段。海康威视一开始也是以 OEM 为主，但其后逐渐转向培育自己的品牌，提升自己的国际知名度和国际竞争力，从而让自己在国际市场上有一席之位。海康威视建立了从研发、生产制造到品牌运营的一体化发展模式，实现了从研发、生产到服务各个环节的垂直整合，让其组织能力和市场响应能力更强。

最后，海康威视所在地杭州注重创新要素的汇集和对创新企业的扶持，使得包括海康威视、大华股份在内的一大批创新型高科技企业得到快速发展。海康威视总部位于国家级创新园区杭州滨江技术开发区，区政府以"店小二"服务精神著称，为园区企业提供土地、基建、人才、融资、投资和上市等各类服务，政府所创造的高效廉洁服务型外部营商环境是一个企业安心发展和创新的基本条件。作为一家安防产品和服务提供商，海康威视的成长与国内城市化发展过程中对于安防产品的巨大需求密切相关，无论是政府"天网"公共安全需求，还是城市中高楼大厦私人领域安防需求，中国巨大市场需求的爆发为海康威视的成长和国际化留足了空间。规模经济是生产效率和研发创新的源泉，不断增加的市场需求也使海康威视不断进行技术创新成为可能。

伴随市场成长而成长，研发顺时而为实现赶超，实现市场拓展与技术开发互动就能让企业抓住机遇，集聚力量，获得跨越式发展。